KB271062

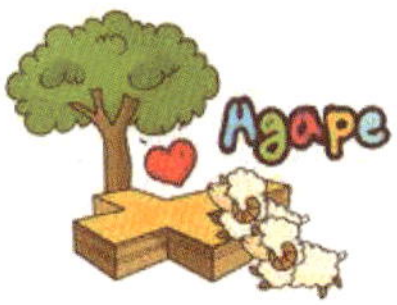

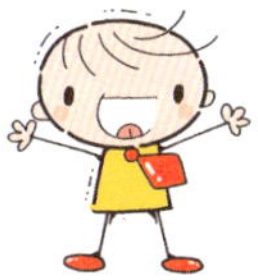

영성과 성품과 학습의 전인격적인 관리시스템

"세상을 깨끗하게 하는 것 빛과 소금이 되어라!"

2개월용

영성 성품 학습 관리수첩

영 성 Spirituality

성 품 Character

학 습 Learning

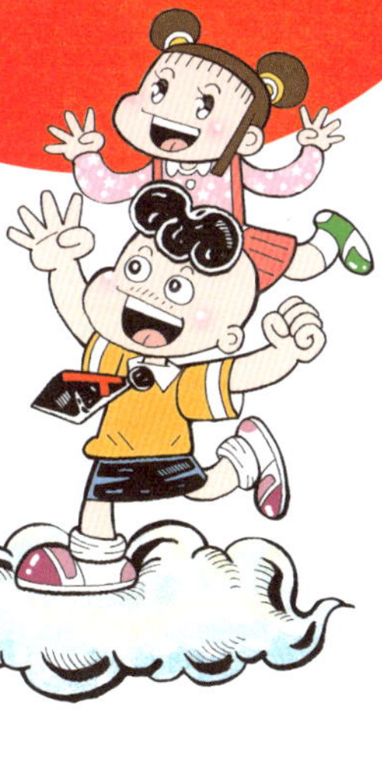

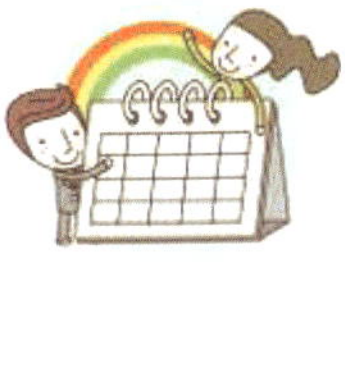

주영광 저

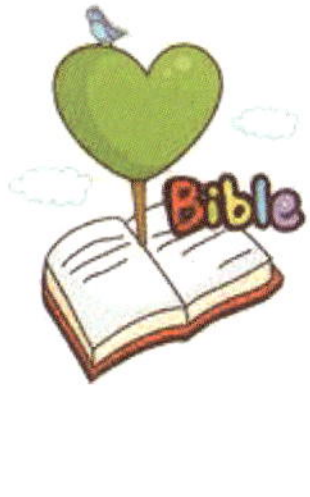

목차

벤저민 프랭클린의 13가지 관리 • 3

관리 수첩을 시작하면서 • 4

나의 다짐 • 6

수첩 사용하는 방법 • 7

월간 계획(2개월용) • 12

주간/일간 계획(9주용) • 15

벤저민 프랭클린의 13가지 관리

벤저민 프랭클린은 인생을 낭비하지 않기 위해 13가지 항목을 수첩에 기록해두고, 실천했는지 못했는지 1주일마다 점검했다고 합니다. 무려 50년 동안 수첩에 기록한 내용을 잊지 않고 실천했습니다.

"내가 행복한 인생을 걸어올 수 있었던 것은 이 수첩 덕분이었다. 후손에게도 이 비법을 알려주고 싶다." -벤저민 프랭클린-

◐ 13가지 항목

절 제 – 폭음, 폭식을 삼간다.

침 묵 – 타인 또는 나에게 유익한 일 이외에는 말하지 않는다.
　　　　쓸데없는 말은 하지 않는다.

규 율 – 모든 물건은 위치를 정해 놓고, 일도 시간을 정해 놓고 진행한다.

결 단 – 해야 할 일은 실행할 것을 결심한다. 그리고 꼭 실행한다.

절 약 – 타인과 자신에게 유익한 일을 모색하고 낭비하지 않는다.

근 면 – 시간을 헛되이 쓰지 않는다. 언제나 유익한 일에 힘을 쏟는다.
　　　　불필요한 행동을 하지 않는다.

성 실 – 타인에게 폐가 되는 거짓말은 하지 않는다.

정 의 – 타인에게 해를 입히는 행위는 하지 않는다.

중 용 – 생활의 균형을 지키고 화내지 않으며, 타인에게 관용을 베푼다.

청 결 – 몸과 의복, 주변을 불결하게 하지 않는다.

평 정 – 하찮은 일, 피하고 싶은 일이 생겨도 평정을 잃지 않는다.

순 결 – 타인의 신뢰와 자존심에 상처를 입히는 행동은 피한다.

겸 손 – 예수와 소크라테스를 본받는다.

인생은 습관이 모여서 성공과 실패를 좌우합니다. 좋은 습관을 어릴 때부터 익혀야 합니다. 하나님이 원하시는 일꾼이 되기 위해서는 좋은 습관이 생활화되어야 하나님이 우리를 사용할 수 있습니다.

관리 수첩을 시작하면서

「영성·성품·학습 관리수첩」은 어린이들의 영성과 함께 성품과 학습을 균형 있게 관리하기 위해서 만든 수첩입니다.

믿음의 인물 중에서 영적 관리에 뛰어났던 요한 웨슬레 목사님이 계십니다.

요한 웨슬레는 영적으로 침체하고 죽어가는 영국을 살렸던 하나님의 위대한 일꾼이었습니다. 그의 설교를 들었던 많은 사람은 신앙이 회복되었습니다. 요한 웨슬레는 아주 바쁘게 살았던 설교자였지만, 개인 경건에 투자했던 목사님이었습니다. 그는 언제나 경건 생활을 위하여 이런 질문을 하면서 자신을 엄격하게 관리하였습니다.

첫   째, 나는 항상 기도하였는가?
둘   째, 나는 순간마다 하나님 앞에서 즐겁고 행복해했는가?
셋   째, 나는 모든 경우에 감사했는가?
넷   째, 나는 자신을 위해 욕심을 내는 경우가 있는가?
다섯째, 나는 두려워하는 일이 있는가?
여섯째, 나는 마음중심에 하나님의 사랑을 느끼는가?
일곱째, 나는 무슨 말을 하든지 그 말이 하나님을 기쁘게 한다고
        자신에게 말할 수 있는가?

하나님은 사람들에게 많은 기회를 주십니다. 그러나 그 기회를 위해 준비하고 노력하는 사람을 쓰십니다. 하나님이 쓰셨던 사람들은 자신의 신앙 성장을 위해 혹독한 훈련을 하였던 사람들이었습니다.

하나님의 영광을 위해서 살려면 자신을 잘 관리하는 법을 배워야 합니

다. 신앙의 위인들은 시간을 낭비하거나 헛되이 쓰지 않았습니다. 사람은 누구에게나 공평한 시간을 주셨습니다. 주어진 시간을 어떻게 사용하느냐에 따라서 인생이 완벽히 달라집니다.
그래서 우리는 나에게 주어진 시간을 잘 관리하고 사용해야 합니다. 우리는 시간의 주인이 되어야지 시간의 종이 되면 안 됩니다. 오늘 하루를 온 힘을 다해서 살아야 합니다. 오늘 하루가 마지막인 것처럼 살아야 합니다.

자기관리에는 우선순위가 있습니다. 먼저 영성관리, 성품관리(마음관리, 행동관리), 학습관리를 잘해야 합니다. 여기서 제일 중요한 것은 하나님과의 관계인 영성관리입니다.

1. 영성관리
기도하기, 식사기도, 성경읽기, 예배 (큐티), 전도하기

2. 성품관리(마음/ 생각관리)
선한생각과 마음품기, 좋은 나 상상하기, 기뻐하고 감사하기, 긍정적인 언어, 분노 조절하기

3. 성품관리(마음·생각, 행동관리)
아침 일찍 일어나기, 책상(방) 정리, 바른 사세, 운동하기, 인사하기

4. 학습관리
스스로 학습하기, 시간관리, 예습하기, 복습하기, 숙제하기, 독서

균형 잡힌 나의 하루를 위해서 '나의 다짐'을 작성하고 시작해 봅시다. 여러분의 미래를 오늘! 지금! 만들어 보세요.

-주영광-

나의 다짐

하나, 오늘 하루는 하나님이 허락해 주신 최고의 날임을
잊지 않겠습니다.

하나, 하나님이 주신 시간을 잘 다스리고 관리하겠습니다.

하나, 시간관리가 습관이 될 때까지 '영성 · 성품 · 학습
관리 수첩'을 활용하겠습니다.

하나, 절대로 중간에 포기하지 않겠습니다.

하나, 계획을 세우고 행동하도록 노력하겠습니다.

위의 모든 것을 꼭 지킬 것을 다짐합니다.

년   월   일

이 름 : ________________

교회명 : ________________

학교명 : ________________

"세월을 아끼라 때가 악하니라." (에베소서 5:16)

"우리에게 우리 날 계수함을 가르치사 지혜의 마음을 얻게 하소서."(시 90:12)

수첩 사용하는 방법

「영성·성품·학습 관리수첩」은 어린이들의 영성과 함께 성품과 학습을 균형 있게 관리하기 위해서 만든 수첩입니다. 월간 계획을 세우고, 주간 단위로 「계획 ➡ 실천 ➡ 반성」 하는 방식을 통해 체계적으로 실천하고, 지속적으로 관리함으로 전인격적인 변화에 좋은 도구가 될 것입니다.

월간계획

시간 계획을 세울 때는 먼저 한 달 계획을 큰 그림으로 그리는 습관을 지녀야 야 합니다. 한 달을 시작하기 전에 어떻게 사용해야 하는지 계획을 세웁니다.

- 월간 고정시간 표시하기
- 이번 달에 반드시 해야 할 일 작성하기

주간계획

일주일을 잘 사용하려면 주간계획을 잘 세워야 합니다. 토요일 오후에는 차분하게 일주일을 계획합니다. 먼저 중요한 우선순위를 생각하면서 계획을 세웁니다. 예배와 신앙 관리 부분을 1순위로 두고 계획하고, 한 주 동안 고정된 시간을 표시하면서 중요한 일을 생각하면서 계획을 세웁니다.

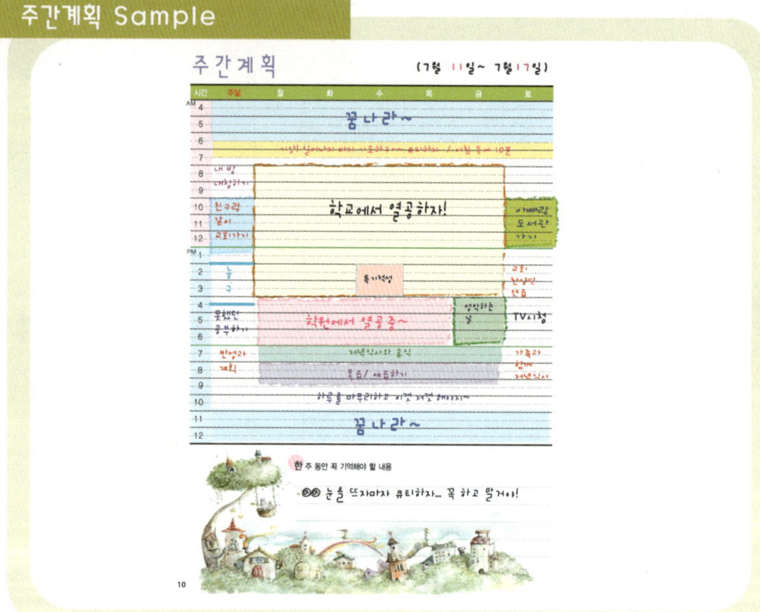

일일계획

매일 저녁 잠자리에 들기 전에 하루를 점검하고, 다음날 일일 계획을 세웁니다. 꼭 해야 할 일을 우선으로 해서 계획을 세워 보세요.

〈일일계획 내용〉
① 우선순위　② 내가 보낸 하루　③ 균형잡힌 나의 하루
④ 구체적인 공부계획　⑤ 독서

❶ 우선순위

하루 동안 해야 할 일 중에 중요한 내용부터 먼저 기록하고 실천합니다.
그러면 급한 일 때문에 중요한 일을 미루게 되는 일은 없을 거예요.

❷ 내가 보낸 하루

내가 보낸 하루를 시계 안에 표시해 봅니다. 주간 계획표를 근거로 해서
나의 하루를 반성할 수 있고, 게을렀던 것, 낭비한 시간을 되돌아 볼 수
있습니다.

일일계획 ❶, ❷ 번 Sample

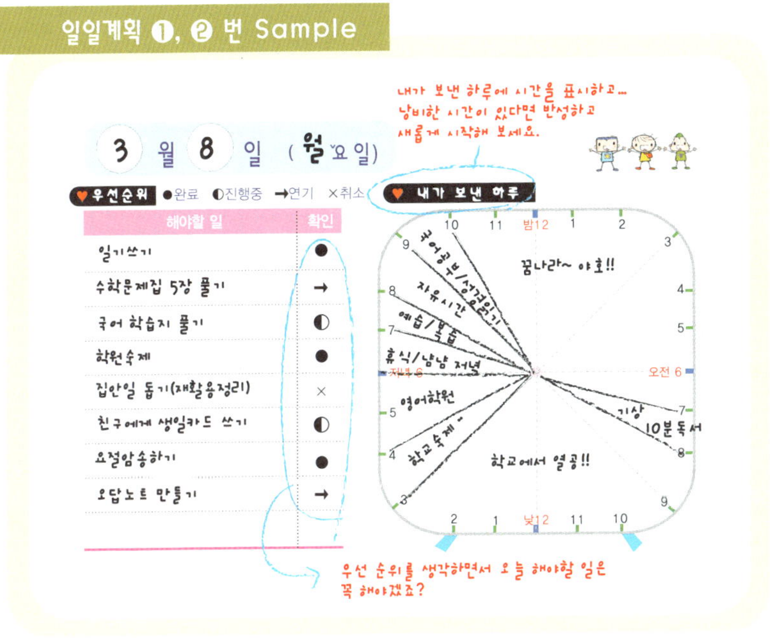

❸ 균형 잡힌 나의 하루

나의 삶의 균형을 잡기 위해서 '영성관리, 성품관리, 학습관리' 3가지로 하루를 점검합니다.

▶영성관리

하루 일과 중에 제일 중요한 것은 영성관리입니다. 영성관리의 기본적인 항목을 매일 점검하여 하나님을 경외하는 삶을 살아야 합니다.

▶성품관리　(마음•생각 / 행동)

사람의 됨됨이는 곧 마음과 생각에서 나옵니다. 먼저 마음을 새롭게 하고 생각을 바르게 해야 합니다. 어려서부터 마음과 생각을 관리하면 좋은 성품을 가질 수 있습니다. 좋은 습관이 내 몸에 습득되어서 하나님이 기뻐하는 삶을 살 수 있습니다.

▶학습관리

공부는 스스로 학습하고, 시간을 잘 사용할 때 좋은 결과를 얻을 수 있습니다. 학습의 기본이라고 할 수 있는 예습, 복습, 숙제하기 등의 항목을 보면서 실천합니다.

나머지 빈칸에는 자신이 실천하고 싶은 내용이 있으면 추가로 기록하면 됩니다.

♥ 균형잡힌 나의 하루　●잘함 ◑ 보통 ✕ 못함

신앙관리		성품관리		학습관리	
		마음•생각	행동		
기도하기	●	선한 생각과 마음 품기 ○	아침 일찍 일어나기 ○	스스로 학습하기	○
식사기도(1 번)	◑	좋은 나 상상하기 ○	책상(방) 정리 ○	시간관리	○
성경읽기(3 장)	●	기뻐하고, 감사하기 ○	바른 자세 ○	예습하기	○
예배 (큐티)	✕	긍정적인 언어 ○	운동하기 ○	복습하기	○
전도하기	●	분노조절하기 ○	인사하기 ○	숙제하기	○
성경타자	✕	○	분리수거하기 ○	독서	○
	○	○	동생돌보기 ○	한자5개씩 외우기	○

❹ 구체적인 공부계획

자신에게 맞는 학습분량을 계획하고, 소요된 시간을 표시하고 관리합니다. 그러면 계획한 시간 내에 끝내기 위해 집중력을 높일 수 있고, 체계적이고 계획적인 나만의 공부를 할 수 있습니다.

❺ 독서

하루에 적어도 10분은 반드시 독서를 해야 합니다. 그래야 생각하는 힘을 키울 수 있고, 창의적인 생각을 할 수 있습니다. 책을 읽을 때 간단하게 메모하는 습관을 키웁시다.

일일계획 ❹, ❺번 Sample

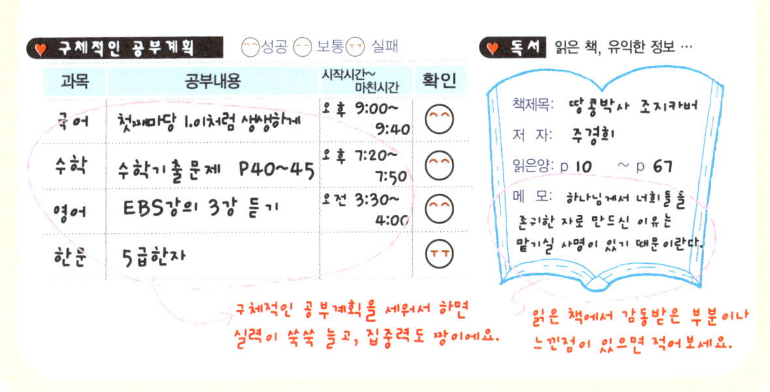

지금까지 사용설명을 잘 살펴보셨나요?
이제 월간계획표를 작성하는 것부터 시작해 볼까요?
그리고 주간계획을 세우고, 일일 계획을 세워보세요.
매일 달라진 나의 모습에 하나님께 감사하는
어린이가 될 거예요.

월간계획

★ 날짜를 먼저 기록하고, 월간계획표를 작성하세요.

주일	월	화	수	목	금	토

● 이번 달에 반드시 해야 할 일

월간계획

★ 날짜를 먼저 기록하고, 월간계획표를 작성하세요.

주일	월	화	수	목	금	토

● 이번 달에 반드시 해야 할 일

주일( )	월( )	화( )	수( )	목( )	금( )	토( )

AM
4
5
6
7
8
9
10
11
12

PM
1
2
3
4
5
6
7
8
9
10
11
12

한 주 동안 꼭 기억해야 할 내용

◯ 월 ◯ 일 (　요일)

★ 우선순위   ●완료 ◑진행중 →연기 ×취소

해야할 일	확인

★ 내가 보낸 하루

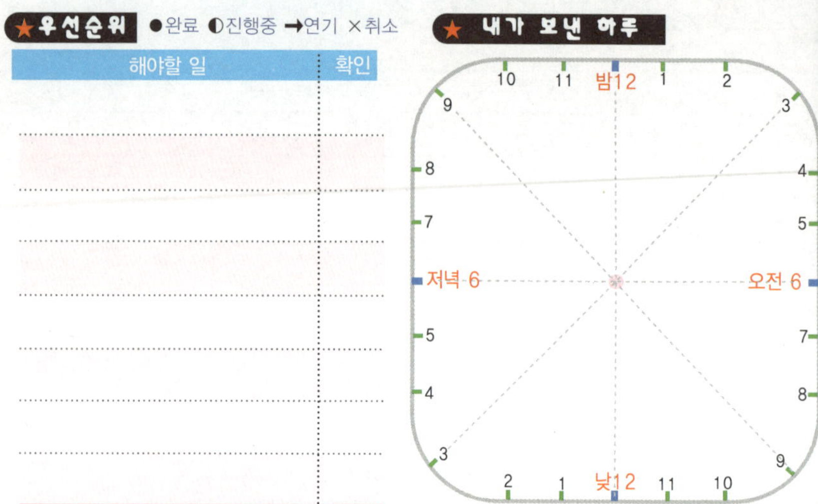

★ 균형잡힌 나의 하루   ●잘함 ◑보통 ×못함

영성관리		성품관리				학습관리	
		마음·생각		행동			
기도하기	◯	선한 생각과 마음 품기	◯	아침 일찍 일어나기	◯	스스로 학습하기	◯
식사기도(　번)	◯	좋은 나 상상하기	◯	책상(방) 정리	◯	시간관리	◯
성경읽기(　장)	◯	기뻐하고, 감사하기	◯	바른 자세	◯	예습하기	◯
예배 (큐티)	◯	긍정적인 언어	◯	운동하기	◯	복습하기	◯
전도하기	◯	분노조절하기	◯	인사하기	◯	숙제하기	◯
	◯		◯		◯	독서	◯
	◯		◯		◯		◯

★ 구체적인 공부계획   ◠◠성공 ◡◡보통 ᅲᅲ실패

과목	공부내용	시작한 시간~ 마친시간	확인

★ 독서   10분 독서하기

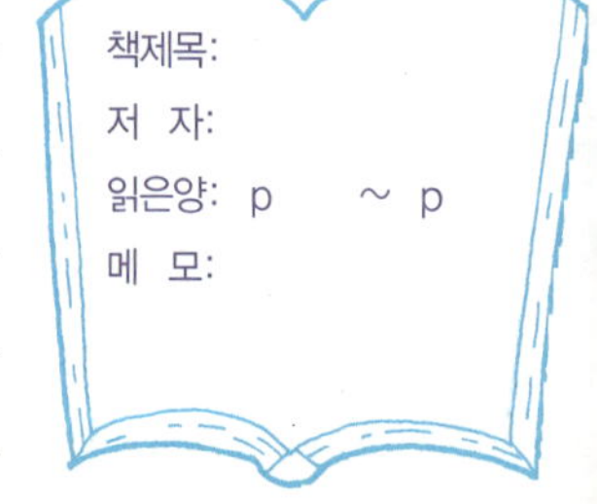

16

◯ 월 ◯ 일 (요일)

★ 우선순위　●완료　◑진행중　➜연기　✕취소

해야할 일	확인

★ 내가 보낸 하루

★ 균형잡힌 나의 하루　●잘함　◑보통　✕못함

영성관리		성품관리			학습관리	
		마음·생각		행동		
기도하기	◯	선한 생각과 마음 품기	◯	아침 일찍 일어나기	◯	스스로 학습하기	◯
식사기도(　번)	◯	좋은 나 상상하기	◯	책상(방) 정리	◯	시간관리	◯
성경읽기(　장)	◯	기뻐하고, 감사하기	◯	바른 자세	◯	예습하기	◯
예배 (큐티)	◯	긍정적인 언어	◯	운동하기	◯	복습하기	◯
전도하기	◯	분노조절하기	◯	인사하기	◯	숙제하기	◯
	◯		◯		◯	독서	◯
	◯		◯		◯		◯

★ 구체적인 공부계획　◠◠성공　◠◠보통　⊤⊤실패

과목	공부내용	시작한 시간~마친시간	확인

★ 독서　10분 독서하기

책제목:

저 자:

읽은양: p　～ p

메 모:

★ 우선순위 ● 완료 ◑ 진행중 → 연기 ✕ 취소

해야할 일	확인

★ 내가 보낸 하루

10 11 밤12 1 2
9 3
8 4
7 5
저녁 6 오전 6
5 7
4 8
3 9
2 1 낮12 11 10

★ 균형잡힌 나의 하루 ● 잘함 ◑ 보통 ✕ 못함

영성관리		성품관리			학습관리	
		마음·생각		행동		
기도하기	○	선한 생각과 마음 품기	○	아침 일찍 일어나기	○	스스로 학습하기	○
식사기도(번)	○	좋은 나 상상하기	○	책상(방) 정리	○	시간관리	○
성경읽기(장)	○	기뻐하고, 감사하기	○	바른 자세	○	예습하기	○
예배 (큐티)	○	긍정적인 언어	○	운동하기	○	복습하기	○
전도하기	○	분노조절하기	○	인사하기	○	숙제하기	○
	○		○		○	독서	○
	○		○		○		○

★ 구체적인 공부계획 ⌣ 성공 — 보통 ⌢ 실패

과목	공부내용	시작한 시간~ 마친시간	확인

★ 독서 10분 독서하기

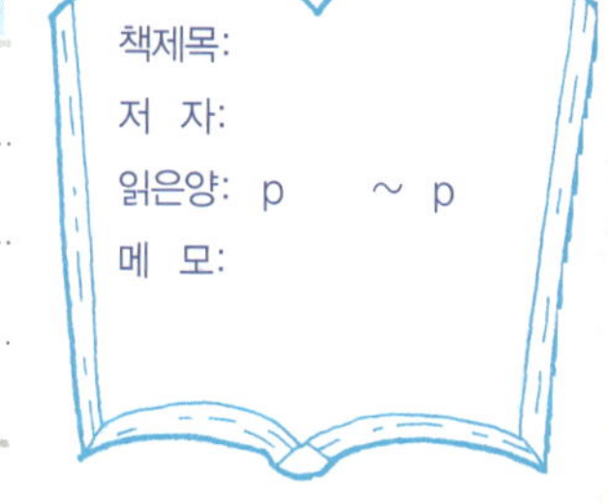

◯ 월 ◯ 일 (요일)

★ 우선순위   ●완료 ◐진행중 ➜연기 ✕취소

해야할 일	확인

★ 내가 보낸 하루

★ 균형잡힌 나의 하루   ●잘함 ◐보통 ✕못함

영성관리		성품관리				학습관리	
		마음·생각		행동			
기도하기	◯	선한 생각과 마음 품기	◯	아침 일찍 일어나기	◯	스스로 학습하기	◯
식사기도(번)	◯	좋은 나 상상하기	◯	책상(방) 정리	◯	시간관리	◯
성경읽기(장)	◯	기뻐하고, 감사하기	◯	바른 자세	◯	예습하기	◯
예배 (큐티)	◯	긍정적인 언어	◯	운동하기	◯	복습하기	◯
전도하기	◯	분노조절하기	◯	인사하기	◯	숙제하기	◯
			◯		◯	독서	◯
			◯		◯		◯

★ 구체적인 공부계획   ⌢성공 ⌁보통 ⌣실패

과목	공부내용	시작한 시간~ 마친시간	확인

★ 독서   10분 독서하기

책제목:

저 자:

읽은양: p   ~ p

메 모:

○ 월 ○ 일 (요일)

★ 우선순위   ●완료 ◑진행중 ➡연기 ×취소

해야할 일	확인

★ 내가 보낸 하루

10 11 밤12 1 2
9
8
7
저녁 6
5
4
3
2 1 낮12 11 10
3
4
5
오전 6
7
8
9

★ 균형잡힌 나의 하루   ●잘함 ◑보통 ×못함

영성관리		성품관리			학습관리	
		마음·생각		행동		
기도하기	○	선한 생각과 마음 품기	○	아침 일찍 일어나기	○	스스로 학습하기	○
식사기도(번)	○	좋은 나 상상하기	○	책상(방) 정리	○	시간관리	○
성경읽기(장)	○	기뻐하고, 감사하기	○	바른 자세	○	예습하기	○
예배 (큐티)	○	긍정적인 언어	○	운동하기	○	복습하기	○
전도하기	○	분노조절하기	○	인사하기	○	숙제하기	○
	○		○		○	독서	○
	○		○		○		○

★ 구체적인 공부계획   ◠◠성공 ⌣ 보통 ⊓⊓ 실패

과목	공부내용	시작한 시간~ 마친시간	확인

★ 독서   10분 독서하기

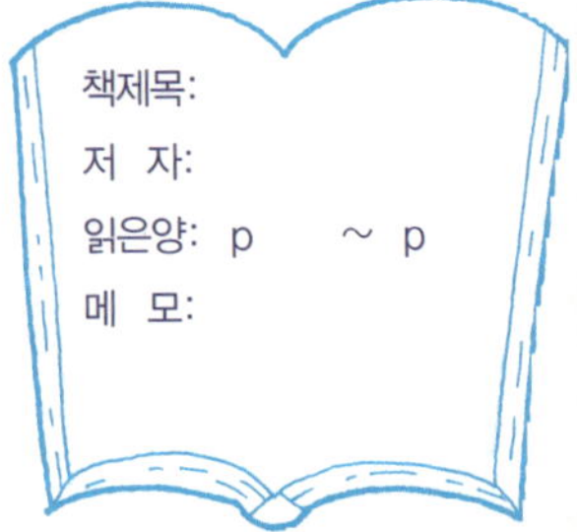

◯ 월 ◯ 일 (　　요일)

★ 우선순위　●완료 ◐진행중 →연기 ×취소

해야할 일	확인

★ 내가 보낸 하루

10　11　밤12　1　2
9　　　　　　　　3
8　　　　　　　　4
7　　　　　　　　5
저녁 6　　　　　　오전 6
5　　　　　　　　7
4　　　　　　　　8
3　　　　　　　　9
2　1　낮12　11　10

★ 균형잡힌 나의 하루　●잘함 ◐보통 ×못함

영성관리		성품관리			학습관리	
		마음·생각	행동			
기도하기	◯	선한 생각과 마음 품기	◯ 아침 일찍 일어나기	◯	스스로 학습하기	◯
식사기도(　　번)	◯	좋은 나 상상하기	◯ 책상(방) 정리	◯	시간관리	◯
성경읽기(　　장)	◯	기뻐하고, 감사하기	◯ 바른 자세	◯	예습하기	◯
예배 (큐티)	◯	긍정적인 언어	◯ 운동하기	◯	복습하기	◯
전도하기	◯	분노조절하기	◯ 인사하기	◯	숙제하기	◯
	◯		◯	◯	독서	◯
	◯		◯	◯		◯

★ 구체적인 공부계획　◠◡성공 ◠–보통 ◠ㅜ실패

과목	공부내용	시작한 시간~ 마친시간	확인

★ 독서　10분 독서하기

책제목:

저 자:

읽은양:　p　　~　p

메 모:

★ 우선순위   ●완료 ◐진행중 ➡연기 ✕취소

해야할 일	확인

★ 내가 보낸 하루

★ 균형잡힌 나의 하루   ●잘함 ◐보통 ✕못함

영성관리		성품관리				학습관리	
		마음·생각		행동			
기도하기	◯	선한 생각과 마음 품기	◯	아침 일찍 일어나기	◯	스스로 학습하기	◯
식사기도(번)	◯	좋은 나 상상하기	◯	책상(방) 정리	◯	시간관리	◯
성경읽기(장)	◯	기뻐하고, 감사하기	◯	바른 자세	◯	예습하기	◯
예배 (큐티)	◯	긍정적인 언어	◯	운동하기	◯	복습하기	◯
전도하기	◯	분노조절하기	◯	인사하기	◯	숙제하기	◯
	◯		◯		◯	독서	◯
	◯		◯		◯		◯

★ 구체적인 공부계획   ◠◠성공 ⌣⌣보통 ⊤⊤실패

과목	공부내용	시작한 시간~ 마친시간	확인

★ 독서   10분 독서하기

책제목:

저 자:

읽은양: p   ~ p

메 모:

(월   일 ~   월   일)

	주일 ( )	월 ( )	화 ( )	수 ( )	목 ( )	금 ( )	토 ( )
AM 4							
5							
6							
7							
8							
9							
10							
11							
12							
PM 1							
2							
3							
4							
5							
6							
7							
8							
9							
10							
11							
12							

한 주 동안 꼭 기억해야 할 내용

◯ 월 ◯ 일 （　　요일 ）

★ 우선순위　　●완료　◐진행중　➡연기　✕취소

해야할 일	확인

★ 내가 보낸 하루

10　11　밤12　1　2
9　　　　　　　　　3
8　　　　　　　　　4
7　　　　　　　　　5
저녁 6　　　　　　오전 6
5　　　　　　　　　7
4　　　　　　　　　8
3　　　　　　　　　9
2　1　낮12　11　10

★ 균형잡힌 나의 하루　　●잘함　◐보통　✕못함

영성관리		성품관리			학습관리	
		마음·생각		행동		
기도하기	◯	선한 생각과 마음 품기	◯	아침 일찍 일어나기	스스로 학습하기	◯
식사기도(번)	◯	좋은 나 상상하기	◯	책상(방) 정리	시간관리	◯
성경읽기(장)	◯	기뻐하고, 감사하기	◯	바른 자세	예습하기	◯
예배 (큐티)	◯	긍정적인 언어	◯	운동하기	복습하기	◯
전도하기	◯	분노조절하기	◯	인사하기	숙제하기	◯
	◯		◯		독서	◯
	◯		◯			◯

★ 구체적인 공부계획　　◠◠성공　──보통　⊤⊤실패

과목	공부내용	시작한 시간~마친시간	확인

★ 독서　　10분 독서하기

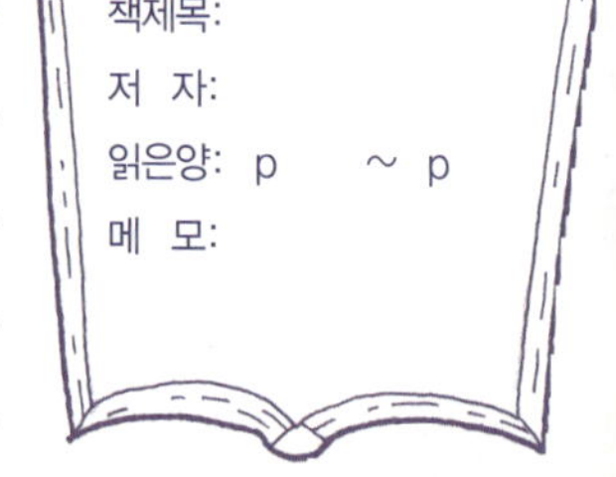

★ 우선순위   ●완료 ◑진행중 →연기 ✕취소

해야할 일	확인

★ 내가 보낸 하루

★ 균형잡힌 나의 하루   ●잘함 ◑보통 ✕못함

영성관리		성품관리			학습관리	
		마음·생각		행동		
기도하기	○	선한 생각과 마음 품기	○	아침 일찍 일어나기	○	스스로 학습하기	○
식사기도(번)	○	좋은 나 상상하기	○	책상(방) 정리	○	시간관리	○
성경읽기(장)	○	기뻐하고, 감사하기	○	바른 자세	○	예습하기	○
예배 (큐티)	○	긍정적인 언어	○	운동하기	○	복습하기	○
전도하기	○	분노조절하기	○	인사하기	○	숙제하기	○
	○		○		○	독서	○
	○		○				○

★ 구체적인 공부계획   ◠◠성공 ─── 보통 ⌄⌄ 실패

과목	공부내용	시작한 시간~ 마친시간	확인

★ 독서   10분 독서하기

책제목:

저 자:

읽은양: p   ~ p

메 모:

★ 우선순위 ●완료 ◑진행중 ➡연기 ✕취소

해야할 일	확인

★ 내가 보낸 하루

★ 균형잡힌 나의 하루 ●잘함 ◑보통 ✕못함

영성관리		성품관리			학습관리	
		마음·생각		행동		
기도하기	◯	선한 생각과 마음 품기	◯	아침 일찍 일어나기 ◯	스스로 학습하기	◯
식사기도(번)	◯	좋은 나 상상하기	◯	책상(방) 정리 ◯	시간관리	◯
성경읽기(장)	◯	기뻐하고, 감사하기	◯	바른 자세 ◯	예습하기	◯
예배 (큐티)	◯	긍정적인 언어	◯	운동하기 ◯	복습하기	◯
전도하기	◯	분노조절하기	◯	인사하기 ◯	숙제하기	◯
	◯		◯		독서	◯
	◯		◯			◯

★ 구체적인 공부계획 ◠◠성공 ⌣보통 ⊤⊤실패

과목	공부내용	시작한 시간~ 마친시간	확인

★ 독서 10분 독서하기

책제목:

저 자:

읽은양: p   ~ p

메 모:

◯ 월 ◯ 일 (요일)

★ 우선순위   ● 완료 ◑ 진행중 ➡ 연기 ✕ 취소

해야할 일	확인

★ 내가 보낸 하루

10 11 밤12 1 2
9   3
8   4
7   5
저녁 6   오전 6
5   7
4   8
3   9
2 1 낮12 11 10

★ 균형잡힌 나의 하루   ● 잘함 ◑ 보통 ✕ 못함

영성관리		성품관리			학습관리	
		마음·생각		행동		
기도하기	◯	선한 생각과 마음 품기	◯	아침 일찍 일어나기	◯	스스로 학습하기 ◯
식사기도(번)	◯	좋은 나 상상하기	◯	책상(방) 정리	◯	시간관리 ◯
성경읽기(장)	◯	기뻐하고, 감사하기	◯	바른 자세	◯	예습하기 ◯
예배 (큐티)	◯	긍정적인 언어	◯	운동하기	◯	복습하기 ◯
전도하기	◯	분노조절하기	◯	인사하기	◯	숙제하기 ◯
	◯		◯		◯	독서 ◯
	◯		◯		◯	◯

★ 구체적인 공부계획   ⌣ 성공 − 보통 ⌢ 실패

과목	공부내용	시작한 시간~ 마친시간	확인

★ 독서   10분 독서하기

책제목:

저 자:

읽은양: p   ～ p

메 모:

◯ 월 ◯ 일 (요일)

★ 우선순위 ●완료 ◐진행중 ➡연기 ✕취소

해야할 일	확인

★ 내가 보낸 하루

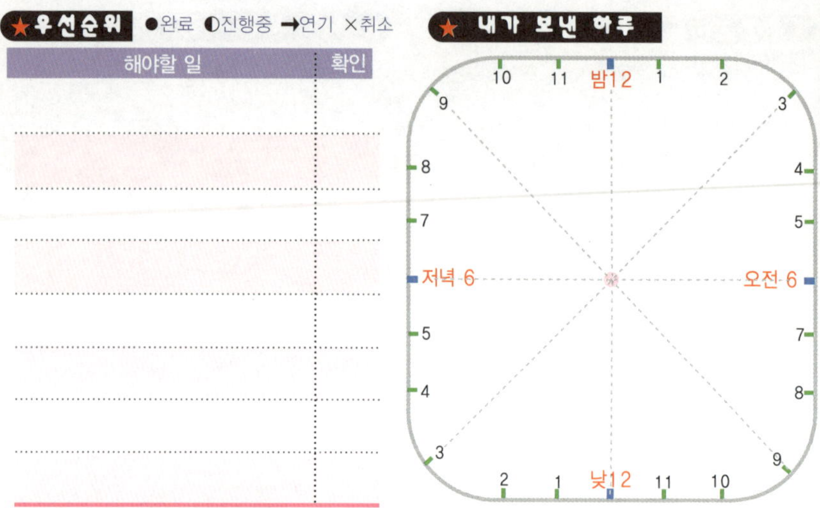

★ 균형잡힌 나의 하루 ●잘함 ◐보통 ✕못함

영성관리		성품관리			학습관리	
		마음·생각		행동		
기도하기	◯	선한 생각과 마음 품기	◯	아침 일찍 일어나기	스스로 학습하기	◯
식사기도(번)	◯	좋은 나 상상하기	◯	책상(방) 정리	시간관리	◯
성경읽기(장)	◯	기뻐하고, 감사하기	◯	바른 자세	예습하기	◯
예배 (큐티)	◯	긍정적인 언어	◯	운동하기	복습하기	◯
전도하기	◯	분노조절하기	◯	인사하기	숙제하기	◯
	◯		◯		독서	◯
	◯		◯			

★ 구체적인 공부계획 ⌢⌢성공 ⁻⁻보통 ⊤⊤실패

과목	공부내용	시작한 시간~마친시간	확인

★ 독서 10분 독서하기

책제목:

저 자:

읽은양: p   ~ p

메 모:

◯ 월 ◯ 일 (　요일)

★우선순위   ●완료 ◐진행중 ➡연기 ✕취소

해야할 일	확인

★ 내가 보낸 하루

★균형잡힌 나의 하루   ●잘함 ◐보통 ✕못함

영성관리		성품관리				학습관리	
		마음·생각		행동			
기도하기	◯	선한 생각과 마음 품기	◯	아침 일찍 일어나기	◯	스스로 학습하기	◯
식사기도(　번)	◯	좋은 나 상상하기	◯	책상(방) 정리	◯	시간관리	◯
성경읽기(　장)	◯	기뻐하고, 감사하기	◯	바른 자세	◯	예습하기	◯
예배 (큐티)	◯	긍정적인 언어	◯	운동하기	◯	복습하기	◯
전도하기	◯	분노조절하기	◯	인사하기	◯	숙제하기	◯
	◯		◯		◯	독서	◯
	◯		◯				◯

★구체적인 공부계획   ◠◠성공 ◠ 보통 ◠◠ 실패

과목	공부내용	시작한 시간~ 마친시간	확인

★ 독서   10분 독서하기

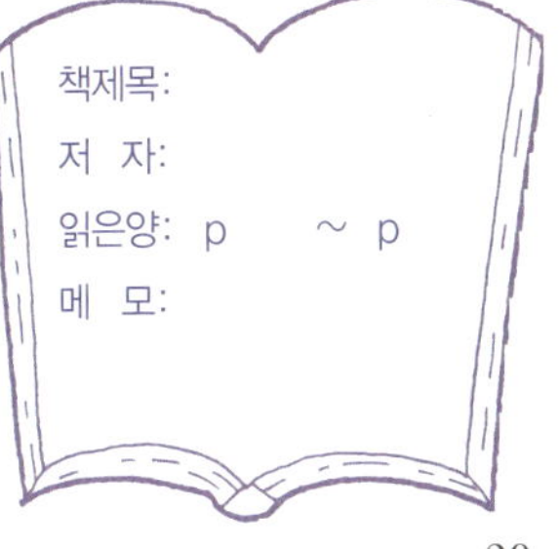

◯ 월 ◯ 일 (요일)

★ 우선순위   ●완료 ◑진행중 →연기 ✕취소

해야할 일	확인

★ 내가 보낸 하루

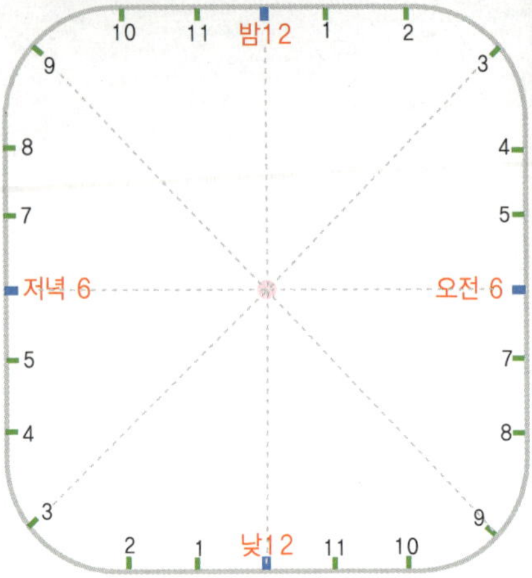

★ 균형잡힌 나의 하루   ●잘함 ◑보통 ✕못함

영성관리		성품관리			학습관리	
		마음·생각		행동		
기도하기	◯	선한 생각과 마음 품기	◯	아침 일찍 일어나기 ◯	스스로 학습하기	◯
식사기도(번)	◯	좋은 나 상상하기	◯	책상(방) 정리 ◯	시간관리	◯
성경읽기(장)	◯	기뻐하고, 감사하기	◯	바른 자세 ◯	예습하기	◯
예배 (큐티)	◯	긍정적인 언어	◯	운동하기 ◯	복습하기	◯
전도하기	◯	분노조절하기	◯	인사하기 ◯	숙제하기	◯
	◯		◯	◯	독서	◯
	◯		◯	◯		◯

★ 구체적인 공부계획   ◠성공 ◠보통 ◠실패

과목	공부내용	시작한 시간~ 마친시간	확인

★ 독서   10분 독서하기

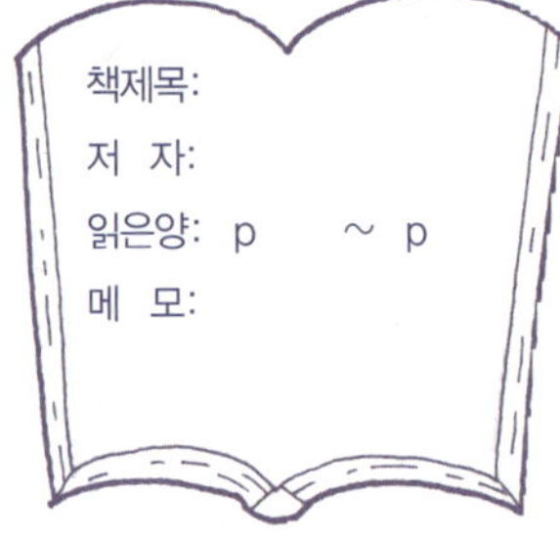

주 간 계 획   (월   일 ~   월   일)

주일( )	월( )	화( )	수( )	목( )	금( )	토( )

AM
- 4
- 5
- 6
- 7
- 8
- 9
- 10
- 11
- 12

PM
- 1
- 2
- 3
- 4
- 5
- 6
- 7
- 8
- 9
- 10
- 11
- 12

한 주 동안 꼭 기억해야 할 내용

◯ 월 ◯ 일 (요일)

★ 우선순위   ●완료 ◐진행중 →연기 ×취소

해야할 일	확인

★ 내가 보낸 하루

10 11 밤12 1 2 3
9
8
7
저녁 6   오전 6
5
4
3
2 1 낮12 11 10
9
8
7

★ 균형잡힌 나의 하루   ●잘함 ◐보통 ×못함

영성관리		성품관리			학습관리	
		마음·생각		행동		
기도하기	◯	선한 생각과 마음 품기	◯	아침 일찍 일어나기	◯	스스로 학습하기	◯
식사기도(번)	◯	좋은 나 상상하기	◯	책상(방) 정리	◯	시간관리	◯
성경읽기(장)	◯	기뻐하고, 감사하기	◯	바른 자세	◯	예습하기	◯
예배 (큐티)	◯	긍정적인 언어	◯	운동하기	◯	복습하기	◯
전도하기	◯	분노조절하기	◯	인사하기	◯	숙제하기	◯
	◯		◯		◯	독서	◯
	◯		◯		◯		

★ 구체적인 공부계획   ⌣성공 ─보통 ⌢실패

과목	공부내용	시작한 시간~마친시간	확인

★ 독서   10분 독서하기

책제목:

저 자:

읽은양: p   ~ p

메 모:

● 완료 ◑ 진행중 → 연기 × 취소

해야할 일	확인

10 11 밤12 1 2
9 3
8 4
7 5
저녁 6 오전 6
5 7
4 8
3 9
2 1 낮12 11 10

● 잘함 ◑ 보통 × 못함

영성관리		성품관리			학습관리	
		마음·생각		행동		
기도하기	○	선한 생각과 마음 품기	○	아침 일찍 일어나기 ○	스스로 학습하기	○
식사기도(번)	○	좋은 나 상상하기	○	책상(방) 정리 ○	시간관리	○
성경읽기(장)	○	기뻐하고, 감사하기	○	바른 자세 ○	예습하기	○
예배 (큐티)	○	긍정적인 언어	○	운동하기 ○	복습하기	○
전도하기	○	분노조절하기	○	인사하기 ○	숙제하기	○
	○		○	○	독서	○
	○		○	○		○

︶︶ 성공 ‑‑ 보통 ⏜ 실패

과목	공부내용	시작한 시간~ 마친시간	확인

10분 독서하기

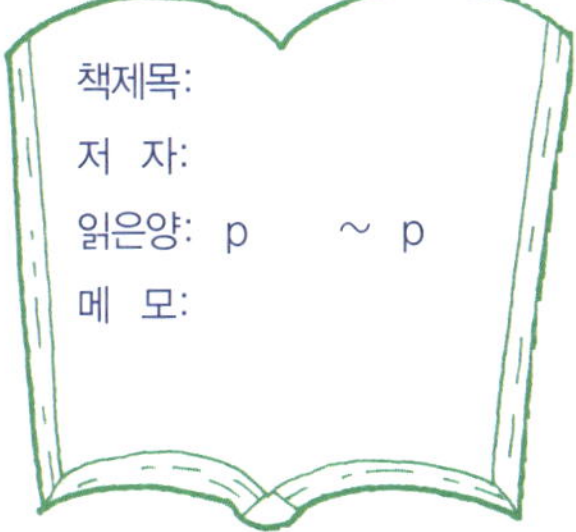

◯ 월 ◯ 일 (요일)

★ 우선순위   ●완료 ◑진행중 →연기 ×취소

해야할 일	확인

★ 내가 보낸 하루

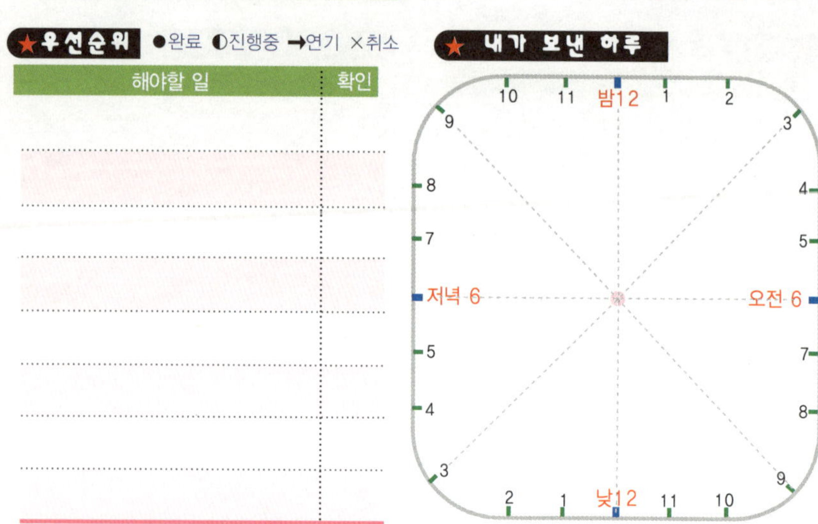

★ 균형잡힌 나의 하루   ●잘함 ◑보통 ×못함

영성관리		성품관리			학습관리	
		마음·생각	행동			
기도하기	◯	선한 생각과 마음 품기	◯ 아침 일찍 일어나기	◯	스스로 학습하기	◯
식사기도(번)	◯	좋은 나 상상하기	◯ 책상(방) 정리	◯	시간관리	◯
성경읽기(장)	◯	기뻐하고, 감사하기	◯ 바른 자세	◯	예습하기	◯
예배 (큐티)	◯	긍정적인 언어	◯ 운동하기	◯	복습하기	◯
전도하기	◯	분노조절하기	◯ 인사하기	◯	숙제하기	◯
	◯		◯	◯	독서	◯
	◯		◯	◯		◯

★ 구체적인 공부계획   ⌢⌣성공 ⌢⌢보통 ⌢⌢실패

과목	공부내용	시작한 시간~ 마친시간	확인

★ 독서   10분 독서하기

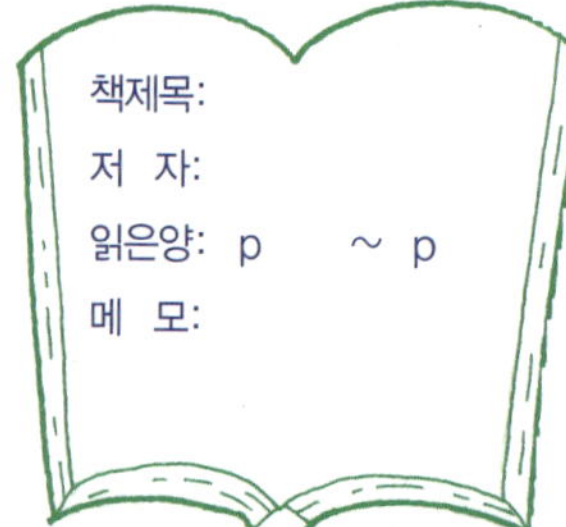

월 일 (요일)

★우선순위

●완료 ◐진행중 ➔연기 ×취소

해야할 일	확인

★내가 보낸 하루

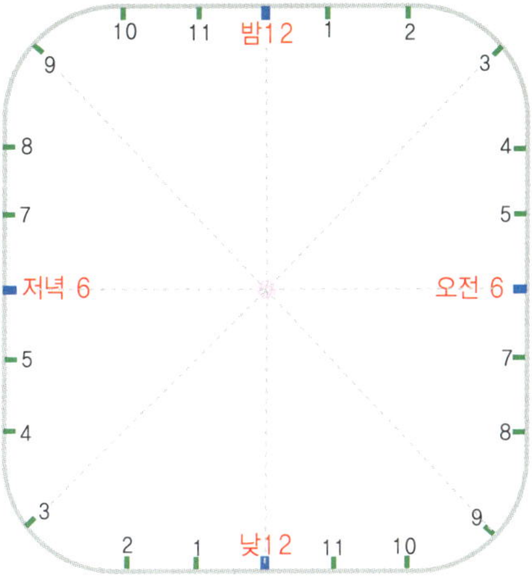

★균형잡힌 나의 하루

●잘함 ◐보통 ×못함

영성관리		성품관리 (마음 • 생각)		성품관리 (행동)		학습관리	
기도하기	○	선한 생각과 마음 품기	○	아침 일찍 일어나기	○	스스로 학습하기	○
식사기도(번)	○	좋은 나 상상하기	○	책상(방) 정리	○	시간관리	○
성경읽기(장)	○	기뻐하고, 감사하기	○	바른 자세	○	예습하기	○
예배 (큐티)	○	긍정적인 언어	○	운동하기	○	복습하기	○
전도하기	○	분노조절하기	○	인사하기	○	숙제하기	○
	○		○		○	독서	○
	○		○		○		○

★구체적인 공부계획

(^^)성공 (--) 보통 (TT) 실패

과목	공부내용	시작한 시간~ 마친시간	확인

★독서

10분 독서하기

책제목:

저 자:

읽은양: p ~ p

메 모:

◯ 월 ◯ 일 (　요일)

★ 우선순위   ●완료 ◐진행중 →연기 ×취소

해야할 일	확인

★ 내가 보낸 하루

10 11 밤12 1 2
9　　　　　　　　3
8　　　　　　　　4
7　　　　　　　　5
저녁6　　　　　　오전6
5　　　　　　　　7
4　　　　　　　　8
3　　　　　　　　9
2 1 낮12 11 10

★ 균형잡힌 나의 하루   ●잘함 ◐보통 ×못함

영성관리		성품관리				학습관리	
		마음·생각		행동			
기도하기	◯	선한 생각과 마음 품기	◯	아침 일찍 일어나기	◯	스스로 학습하기	◯
식사기도(번)	◯	좋은 나 상상하기	◯	책상(방) 정리	◯	시간관리	◯
성경읽기(장)	◯	기뻐하고, 감사하기	◯	바른 자세	◯	예습하기	◯
예배 (큐티)	◯	긍정적인 언어	◯	운동하기	◯	복습하기	◯
전도하기	◯	분노조절하기	◯	인사하기	◯	숙제하기	◯
	◯		◯		◯	독서	◯
	◯		◯				◯

★ 구체적인 공부계획   ⌢성공 —보통 ⊤⊤실패

과목	공부내용	시작한 시간~마친시간	확인

★ 독서   10분 독서하기

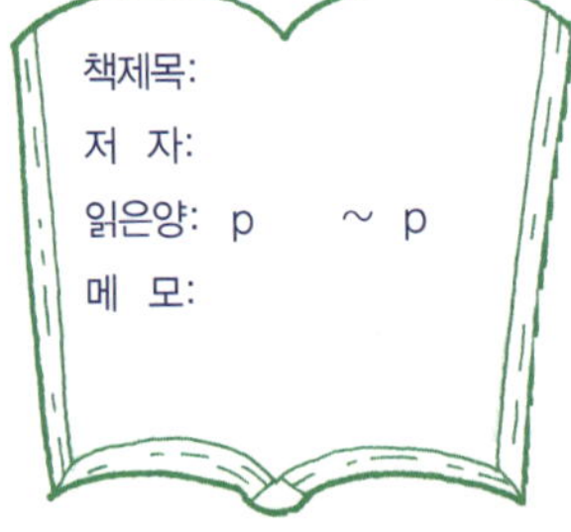

　월　　일　(　요일)

★ 우선순위　　●완료　◑진행중　➡연기　✕취소

해야할 일	확인

★ 내가 보낸 하루

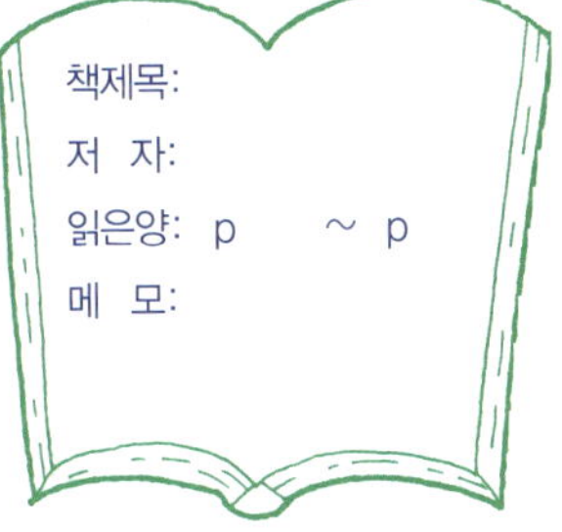

★ 균형잡힌 나의 하루　　●잘함　◑보통　✕못함

영성관리		성품관리			학습관리	
		마음·생각		행동		
기도하기	○	선한 생각과 마음 품기	○	아침 일찍 일어나기	○	스스로 학습하기	○
식사기도(　번)	○	좋은 나 상상하기	○	책상(방) 정리	○	시간관리	○
성경읽기(　장)	○	기뻐하고, 감사하기	○	바른 자세	○	예습하기	○
예배 (큐티)	○	긍정적인 언어	○	운동하기	○	복습하기	○
전도하기	○	분노조절하기	○	인사하기	○	숙제하기	○
	○		○		○	독서	○
	○		○		○		○

★ 구체적인 공부계획　　◡◡성공　――보통　┰┰실패

과목	공부내용	시작한 시간~ 마친시간	확인

★ 독서　　10분 독서하기

책제목:

저 자:

읽은양:　p　　～　p

메 모:

★ 우선순위   ●완료 ◑진행중 →연기 ×취소

해야할 일	확인

★ 내가 보낸 하루

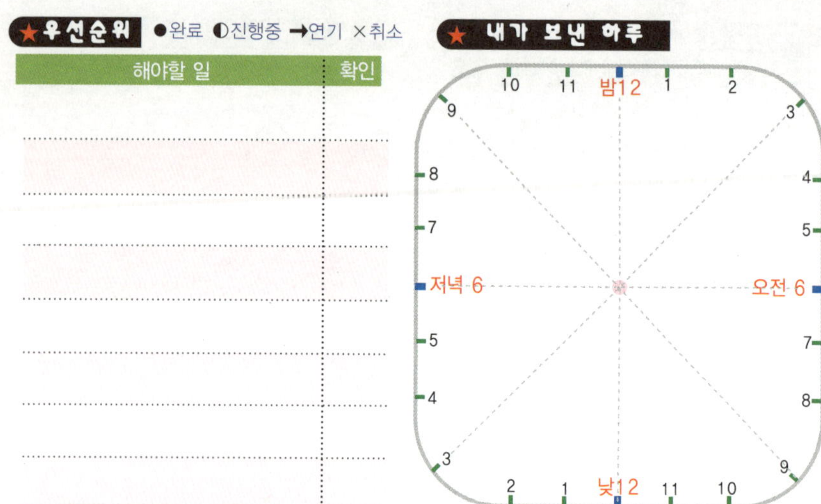

★ 균형잡힌 나의 하루   ●잘함 ◑보통 ×못함

영성관리		성품관리			학습관리	
		마음·생각		행동		
기도하기	○	선한 생각과 마음 품기	○	아침 일찍 일어나기	○	스스로 학습하기	○
식사기도(번)	○	좋은 나 상상하기	○	책상(방) 정리	○	시간관리	○
성경읽기(장)	○	기뻐하고, 감사하기	○	바른 자세	○	예습하기	○
예배 (큐티)	○	긍정적인 언어	○	운동하기	○	복습하기	○
전도하기	○	분노조절하기	○	인사하기	○	숙제하기	○
	○		○		○	독서	○
	○		○		○		○

★ 구체적인 공부계획   ◡◡성공 ⌣보통 ⌢⌢실패

과목	공부내용	시작한 시간~마친시간	확인

★ 독서   10분 독서하기

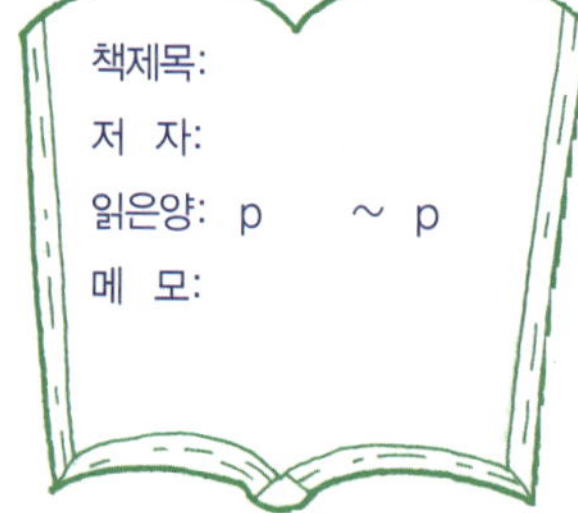

(　　　월　　　일 ~ 　　　월　　　일)

	주일(　)	월(　)	화(　)	수(　)	목(　)	금(　)	토(　)

AM
4
5
6
7
8
9
10
11
12

PM
1
2
3
4
5
6
7
8
9
10
11
12

한 주 동안 꼭 기억해야 할 내용

★ 우선순위
●완료 ◑진행중 ➡연기 ✕취소

해야할 일	확인

★ 내가 보낸 하루

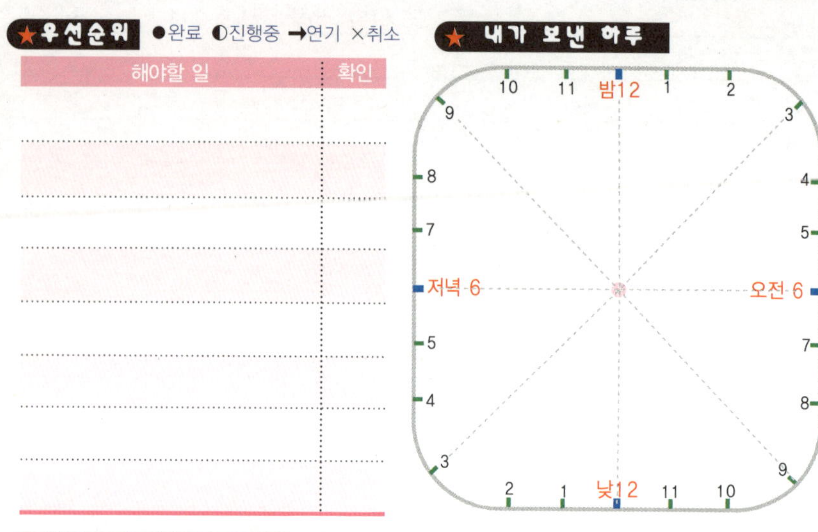

★ 균형잡힌 나의 하루
●잘함 ◑보통 ✕못함

영성관리		성품관리				학습관리	
		마음·생각		행동			
기도하기	○	선한 생각과 마음 품기	○	아침 일찍 일어나기	○	스스로 학습하기	○
식사기도(번)	○	좋은 나 상상하기	○	책상(방) 정리	○	시간관리	○
성경읽기(장)	○	기뻐하고, 감사하기	○	바른 자세	○	예습하기	○
예배 (큐티)	○	긍정적인 언어	○	운동하기	○	복습하기	○
전도하기	○	분노조절하기	○	인사하기	○	숙제하기	○
	○		○		○	독서	○
	○		○		○		○

★ 구체적인 공부계획
⌢성공 ⌢보통 ⌢실패

과목	공부내용	시작한 시간~ 마친시간	확인

★ 독서
10분 독서하기

책제목:

저 자:

읽은양: p ~ p

메 모:

◯ 월 ◯ 일 (　　요일)

★ 우선순위　●완료 ◑진행중 →연기 ×취소

해야할 일	확인

★ 내가 보낸 하루

10　11　밤12　1　2
9　　　　　　　　3
8　　　　　　　　4
7　　　　　　　　5
저녁 6　　　　　　오전 6
5　　　　　　　　7
4　　　　　　　　8
3　　　　　　　　9
2　1　낮12　11　10

★ 균형잡힌 나의 하루　●잘함 ◑보통 ×못함

영성관리		성품관리				학습관리	
		마음·생각		행동			
기도하기	◯	선한 생각과 마음 품기	◯	아침 일찍 일어나기	◯	스스로 학습하기	◯
식사기도(　번)	◯	좋은 나 상상하기	◯	책상(방) 정리	◯	시간관리	◯
성경읽기(　장)	◯	기뻐하고, 감사하기	◯	바른 자세	◯	예습하기	◯
예배 (큐티)	◯	긍정적인 언어	◯	운동하기	◯	복습하기	◯
전도하기	◯	분노조절하기	◯	인사하기	◯	숙제하기	◯
	◯		◯		◯	독서	◯
	◯		◯		◯		◯

★ 구체적인 공부계획　◠◠성공 ◠◠보통 ◠◠실패

과목	공부내용	시작한 시간~ 마친시간	확인

★ 독서　10분 독서하기

책제목:

저　자:

읽은양:　p　　～　p

메　모:

( )월 ( )일 (요일)

★ 우선순위   ●완료 ◑진행중 →연기 ×취소

해야할 일	확인

★ 내가 보낸 하루

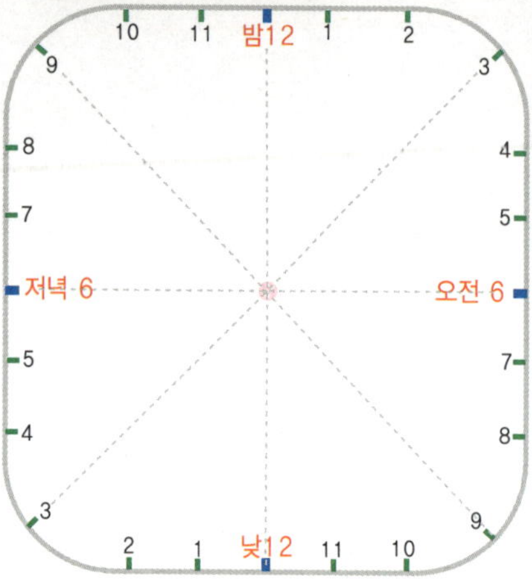

★ 균형잡힌 나의 하루   ●잘함 ◑보통 ×못함

영성관리		성품관리			학습관리	
		마음·생각	행동			
기도하기	○	선한 생각과 마음 품기	○	아침 일찍 일어나기	○	스스로 학습하기	○
식사기도(번)	○	좋은 나 상상하기	○	책상(방) 정리	○	시간관리	○
성경읽기(장)	○	기뻐하고, 감사하기	○	바른 자세	○	예습하기	○
예배 (큐티)	○	긍정적인 언어	○	운동하기	○	복습하기	○
전도하기	○	분노조절하기	○	인사하기	○	숙제하기	○
	○		○		○	독서	○
	○		○		○		○

★ 구체적인 공부계획   ⌢성공 [illegible] 보통 ⊤⊤ 실패

과목	공부내용	시작한 시간~ 마친시간	확인

★ 독서   10분 독서하기

책제목:

저 자:

읽은양: p   ~ p

메 모:

◯ 월 ◯ 일 (요일)

★ 우선순위   ●완료 ◑진행중 →연기 ×취소

해야할 일	확인

★ 내가 보낸 하루

★ 균형잡힌 나의 하루   ●잘함 ◑보통 ×못함

영성관리		성품관리				학습관리	
		마음·생각		행동			
기도하기	◯	선한 생각과 마음 품기	◯	아침 일찍 일어나기	◯	스스로 학습하기	◯
식사기도(번)	◯	좋은 나 상상하기	◯	책상(방) 정리	◯	시간관리	◯
성경읽기(장)	◯	기뻐하고, 감사하기	◯	바른 자세	◯	예습하기	◯
예배 (큐티)	◯	긍정적인 언어	◯	운동하기	◯	복습하기	◯
전도하기	◯	분노조절하기	◯	인사하기	◯	숙제하기	◯
	◯		◯		◯	독서	◯
	◯		◯		◯		◯

★ 구체적인 공부계획   ⌢성공 ⌣보통 ⊤⊤실패

과목	공부내용	시작한 시간~ 마친시간	확인

★ 독서   10분 독서하기

책제목:

저 자:

읽은양: p   ~ p

메 모:

◯ 월 ◯ 일 (요일)

해야할 일	확인

★균형잡힌 나의 하루   ●잘함 ◐보통 ✕못함

영성관리		성품관리				학습관리	
		마음·생각		행동			
기도하기	◯	선한 생각과 마음 품기	◯	아침 일찍 일어나기	◯	스스로 학습하기	◯
식사기도(번)	◯	좋은 나 상상하기	◯	책상(방) 정리	◯	시간관리	◯
성경읽기(장)	◯	기뻐하고, 감사하기	◯	바른 자세	◯	예습하기	◯
예배 (큐티)	◯	긍정적인 언어	◯	운동하기	◯	복습하기	◯
전도하기	◯	분노조절하기	◯	인사하기	◯	숙제하기	◯
	◯		◯		◯	독서	◯
	◯		◯		◯		◯

★구체적인 공부계획   ⌢⌢성공 ⌒⌒보통 ⌣⌣실패

과목	공부내용	시작한 시간~ 마친시간	확인

★독서   10분 독서하기

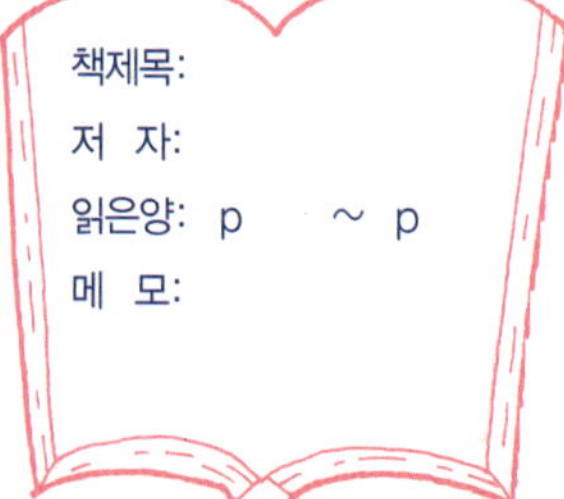

★ 우선순위　　●완료　◑진행중　➜연기　✕취소

해야할 일	확인

★ 내가 보낸 하루

10　11　밤12　1　2　3　4　5

9

8

7

저녁 6　　오전 6

5

4

3　2　1　낮12　11　10　9　8　7

★ 균형잡힌 나의 하루　　●잘함　◑보통　✕못함

영성관리		성품관리				학습관리	
		마음·생각		행동			
기도하기	◯	선한 생각과 마음 품기	◯	아침 일찍 일어나기	◯	스스로 학습하기	◯
식사기도(　　번)	◯	좋은 나 상상하기	◯	책상(방) 정리	◯	시간관리	◯
성경읽기(　　장)	◯	기뻐하고, 감사하기	◯	바른 자세	◯	예습하기	◯
예배 (큐티)	◯	긍정적인 언어	◯	운동하기	◯	복습하기	◯
전도하기	◯	분노조절하기	◯	인사하기	◯	숙제하기	◯
	◯		◯		◯	독서	◯
	◯		◯		◯		◯

★ 구체적인 공부계획　　⌣성공　－보통　╥실패

과목	공부내용	시작한 시간~ 마친시간	확인

★ 독서　　10분 독서하기

책제목:

저 자:

읽은양:　p　　～　p

메 모:

◯월 ◯일 (　　요일)

★ 우선순위　　●완료　◑진행중　→연기　✕취소

해야할 일	확인

★ 내가 보낸 하루

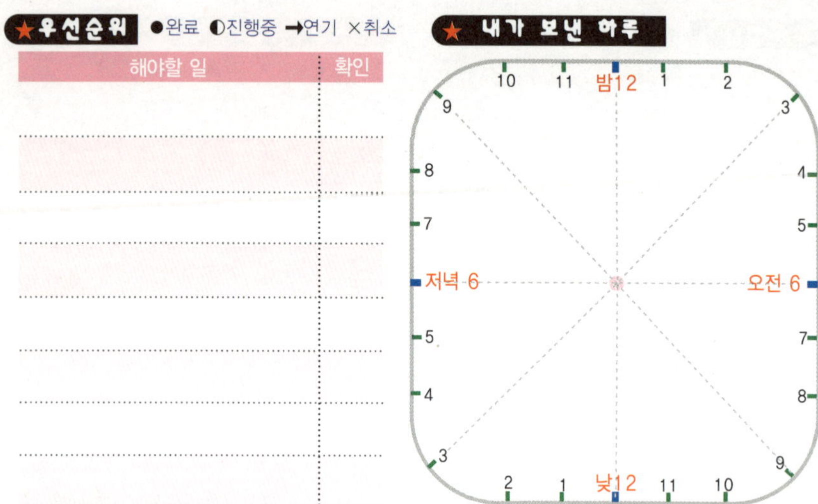

★ 균형잡힌 나의 하루　　●잘함　◑보통　✕못함

영성관리		성품관리			학습관리	
		마음·생각	행동			
기도하기	◯	선한 생각과 마음 품기	◯	아침 일찍 일어나기	◯	스스로 학습하기	◯
식사기도(　번)	◯	좋은 나 상상하기	◯	책상(방) 정리	◯	시간관리	◯
성경읽기(　장)	◯	기뻐하고, 감사하기	◯	바른 자세	◯	예습하기	◯
예배 (큐티)	◯	긍정적인 언어	◯	운동하기	◯	복습하기	◯
전도하기	◯	분노조절하기	◯	인사하기	◯	숙제하기	◯
	◯		◯		◯	독서	◯
	◯		◯		◯		◯

★ 구체적인 공부계획　　⌣⌣성공　–– 보통　⌢⌢실패

과목	공부내용	시작한 시간~ 마친시간	확인

★ 독서　　10분 독서하기

책제목:

저 자:

읽은양:　p　　~ p

메 모:

(월   일 ~   월   일)

	주일 ( )	월 ( )	화 ( )	수 ( )	목 ( )	금 ( )	토 ( )
AM 4							
5							
6							
7							
8							
9							
10							
11							
12							
PM 1							
2							
3							
4							
5							
6							
7							
8							
9							
10							
11							
12							

한 주 동안 꼭 기억해야 할 내용

◯ 월 ◯ 일 (요일)

★ 우선순위   ●완료 ◐진행중 →연기 ×취소

해야할 일	확인

★ 내가 보낸 하루

10 11 밤12 1 2
9   3
8   4
7   5
저녁 6   오전 6
5   7
4   8
3   9
2 1 낮12 11 10

★ 균형잡힌 나의 하루   ●잘함 ◐보통 ×못함

영성관리		성품관리				학습관리	
		마음·생각		행동			
기도하기	◯	선한 생각과 마음 품기	◯	아침 일찍 일어나기	◯	스스로 학습하기	◯
식사기도(번)	◯	좋은 나 상상하기	◯	책상(방) 정리	◯	시간관리	◯
성경읽기(장)	◯	기뻐하고, 감사하기	◯	바른 자세	◯	예습하기	◯
예배 (큐티)	◯	긍정적인 언어	◯	운동하기	◯	복습하기	◯
전도하기	◯	분노조절하기	◯	인사하기	◯	숙제하기	◯
	◯		◯		◯	독서	◯
	◯		◯		◯		◯

★ 구체적인 공부계획   ⌣성공 −−보통 ⌢실패

과목	공부내용	시작한 시간~ 마친시간	확인

★ 독서   10분 독서하기

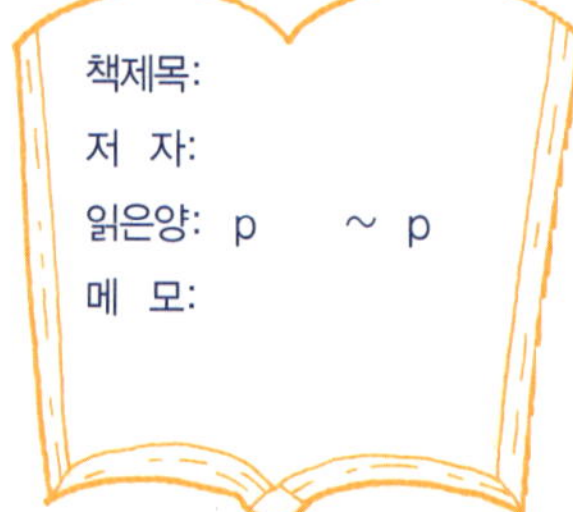

◯ 월 ◯ 일 (　　요일)

★ 우선순위　●완료　◐진행중　➡연기　✕취소

해야할 일	확인

★ 내가 보낸 하루

★ 균형잡힌 나의 하루　●잘함　◐보통　✕못함

영성관리	성품관리		학습관리	
	마음·생각	행동		
기도하기 ◯	선한 생각과 마음 품기 ◯	아침 일찍 일어나기 ◯	스스로 학습하기 ◯	
식사기도(　번) ◯	좋은 나 상상하기 ◯	책상(방) 정리 ◯	시간관리 ◯	
성경읽기(　장) ◯	기뻐하고, 감사하기 ◯	바른 자세 ◯	예습하기 ◯	
예배 (큐티) ◯	긍정적인 언어 ◯	운동하기 ◯	복습하기 ◯	
전도하기 ◯	분노조절하기 ◯	인사하기 ◯	숙제하기 ◯	
◯	◯	◯	독서 ◯	
◯	◯	◯	◯	

★ 구체적인 공부계획　⌢⌣성공　⌣보통　⌣⌣실패

과목	공부내용	시작한 시간~마친시간	확인

★ 독서　10분 독서하기

책제목:

저　자:

읽은양: p　　 ~ p

메　모:

◯ 월 ◯ 일 (　　요일)

★ 우선순위　　●완료　◐진행중　➡연기　✕취소

해야할 일	확인

★ 내가 보낸 하루

★ 균형잡힌 나의 하루　　●잘함　◐보통　✕못함

영성관리		성품관리			학습관리	
		마음·생각	행동			
기도하기	◯	선한 생각과 마음 품기 ◯	아침 일찍 일어나기	◯	스스로 학습하기	◯
식사기도(　번)	◯	좋은 나 상상하기 ◯	책상(방) 정리	◯	시간관리	◯
성경읽기(　장)	◯	기뻐하고, 감사하기 ◯	바른 자세	◯	예습하기	◯
예배 (큐티)	◯	긍정적인 언어 ◯	운동하기	◯	복습하기	◯
전도하기	◯	분노조절하기 ◯	인사하기	◯	숙제하기	◯
	◯	◯		◯	독서	◯
	◯	◯		◯		◯

★ 구체적인 공부계획　　⌒⌒성공　─⌒보통　⊤⊤실패

과목	공부내용	시작한 시간~마친시간	확인

★ 독서　　10분 독서하기

책제목:

저 자:

읽은양: p 　～ p

메 모:

<table>
<tr><td>◯ 월 ◯ 일 (　　요일)</td></tr>
</table>

★ 우선순위 ●완료 ◐진행중 →연기 ×취소

해야할 일	확인

★ 내가 보낸 하루

★ 균형잡힌 나의 하루   ●잘함 ◐보통 ×못함

영성관리		성품관리			학습관리	
		마음·생각		행동		
기도하기	◯	선한 생각과 마음 품기	◯	아침 일찍 일어나기	◯	스스로 학습하기	◯
식사기도(　　번)	◯	좋은 나 상상하기	◯	책상(방) 정리	◯	시간관리	◯
성경읽기(　　장)	◯	기뻐하고, 감사하기	◯	바른 자세	◯	예습하기	◯
예배 (큐티)	◯	긍정적인 언어	◯	운동하기	◯	복습하기	◯
전도하기	◯	분노조절하기	◯	인사하기	◯	숙제하기	◯
	◯		◯		◯	독서	◯
	◯		◯		◯		◯

★ 구체적인 공부계획   ◠◠성공 ⌒⌒보통 ⊤⊤실패

과목	공부내용	시작한 시간~ 마친시간	확인

★ 독서   10분 독서하기

책제목:

저 자:

읽은양: p 　　 ~ p

메 모:

◯ 월 ◯ 일 （ 　 요일 ）

★ 우선순위　　●완료　◑진행중　➡연기　×취소

해야할 일	확인

★ 내가 보낸 하루

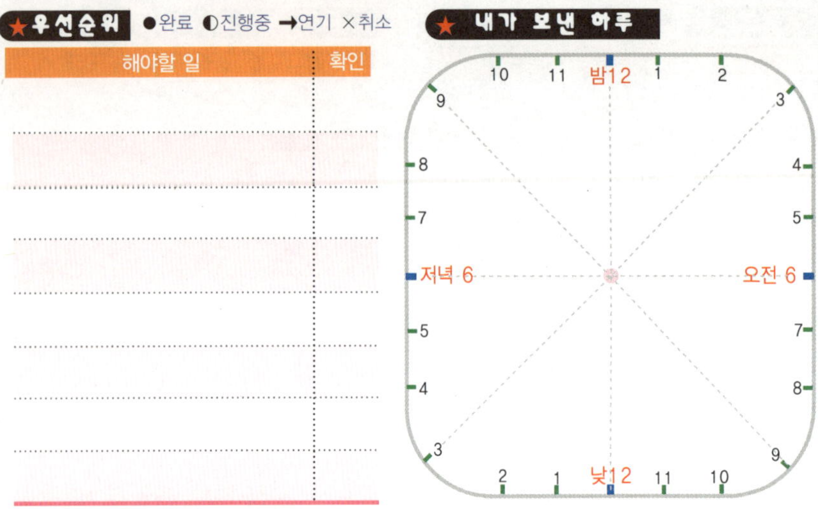

★ 균형잡힌 나의 하루　　●잘함　◑보통　×못함

영성관리		성품관리			학습관리	
		마음·생각		행동		
기도하기	◯	선한 생각과 마음 품기	◯	아침 일찍 일어나기	스스로 학습하기	◯
식사기도(　번)	◯	좋은 나 상상하기	◯	책상(방) 정리	시간관리	◯
성경읽기(　장)	◯	기뻐하고, 감사하기	◯	바른 자세	예습하기	◯
예배 (큐티)	◯	긍정적인 언어	◯	운동하기	복습하기	◯
전도하기	◯	분노조절하기	◯	인사하기	숙제하기	◯
	◯		◯		독서	◯
	◯		◯			◯

★ 구체적인 공부계획　　◠◠성공　⌒⌒보통　ㅜㅜ실패

과목	공부내용	시작한 시간~ 마친시간	확인

★ 독서　　10분 독서하기

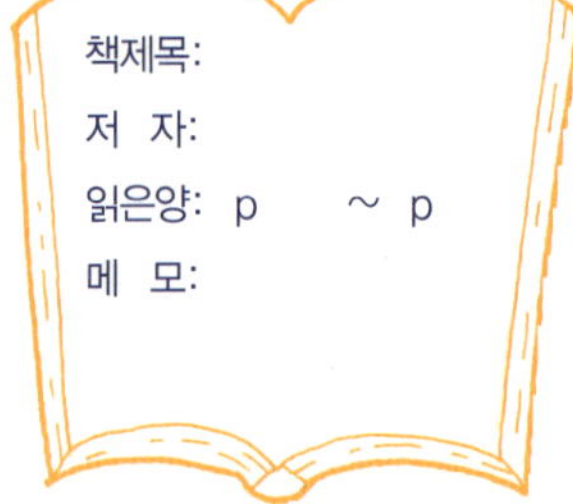

◯ 월 ◯ 일 (요일)

★ 우선순위   ●완료 ◐진행중 →연기 ✕취소

해야할 일	확인

★ 내가 보낸 하루

밤12 10 11 1 2 3
9
8
7 4
저녁 6   오전 6
5 7
4 8
3 9
낮12 2 1 11 10

★ 균형잡힌 나의 하루   ●잘함 ◐보통 ✕못함

영성관리		성품관리				학습관리	
		마음·생각		행동			
기도하기	◯	선한 생각과 마음 품기	◯	아침 일찍 일어나기	◯	스스로 학습하기	◯
식사기도(번)	◯	좋은 나 상상하기	◯	책상(방) 정리	◯	시간관리	◯
성경읽기(장)	◯	기뻐하고, 감사하기	◯	바른 자세	◯	예습하기	◯
예배 (큐티)	◯	긍정적인 언어	◯	운동하기	◯	복습하기	◯
전도하기	◯	분노조절하기	◯	인사하기	◯	숙제하기	◯
	◯		◯			독서	◯
	◯		◯				◯

★ 구체적인 공부계획   ◠◡성공 ◠보통 ◠실패

과목	공부내용	시작한 시간~ 마친시간	확인

★ 독서   10분 독서하기

책제목:

저 자:

읽은양: p   ~ p

메 모:

<table>
<tr><td>○ 월 ○ 일 (요일)</td></tr>
</table>

★ 우선순위 ●완료 ◑진행중 →연기 ×취소

해야할 일	확인

★ 내가 보낸 하루

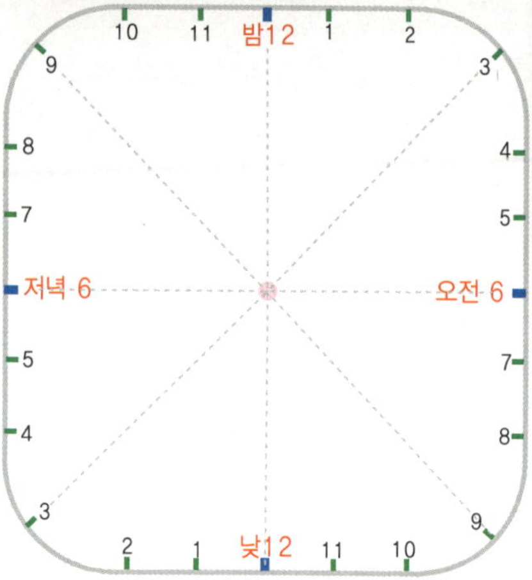

(시간 원형 그래프: 밤12, 낮12, 저녁 6, 오전 6 / 10 11 1 2 3 4 5 6 7 8 9)

★ 균형잡힌 나의 하루 ●잘함 ◑보통 ×못함

영성관리		성품관리			학습관리	
		마음·생각		행동		
기도하기	○	선한 생각과 마음 품기	○	아침 일찍 일어나기	○	스스로 학습하기	○
식사기도(번)	○	좋은 나 상상하기	○	책상(방) 정리	○	시간관리	○
성경읽기(장)	○	기뻐하고, 감사하기	○	바른 자세	○	예습하기	○
예배 (큐티)	○	긍정적인 언어	○	운동하기	○	복습하기	○
전도하기	○	분노조절하기	○	인사하기	○	숙제하기	○
	○		○			독서	○
	○		○				○

★ 구체적인 공부계획 ◡◡성공 ◠◠보통 ⊤⊤실패

과목	공부내용	시작한 시간~ 마친시간	확인

★ 독서 10분 독서하기

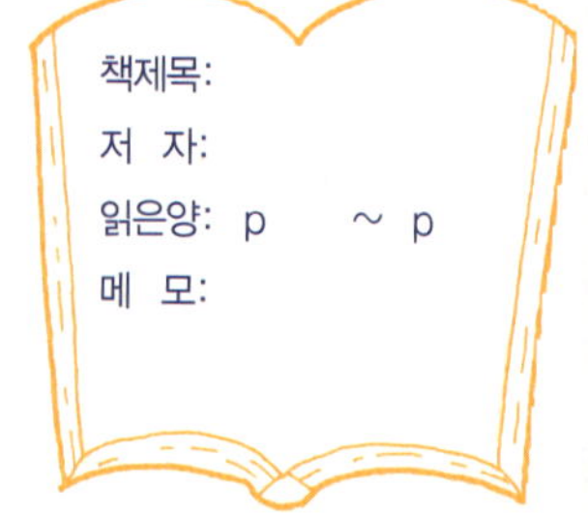

54

	주일 ( )	월 ( )	화 ( )	수 ( )	목 ( )	금 ( )	토 ( )
AM 4							
5							
6							
7							
8							
9							
10							
11							
12							
PM 1							
2							
3							
4							
5							
6							
7							
8							
9							
10							
11							
12							

한 주 동안 꼭 기억해야 할 내용

★ 우선순위 ●완료 ◑진행중 →연기 ×취소

해야할 일	확인

★ 내가 보낸 하루

★ 균형잡힌 나의 하루 ●잘함 ◑보통 ×못함

영성관리		성품관리				학습관리	
		마음·생각		행동			
기도하기	○	선한 생각과 마음 품기	○	아침 일찍 일어나기	○	스스로 학습하기	○
식사기도(번)	○	좋은 나 상상하기	○	책상(방) 정리	○	시간관리	○
성경읽기(장)	○	기뻐하고, 감사하기	○	바른 자세	○	예습하기	○
예배 (큐티)	○	긍정적인 언어	○	운동하기	○	복습하기	○
전도하기	○	분노조절하기	○	인사하기	○	숙제하기	○
	○		○		○	독서	○
	○		○		○		○

★ 구체적인 공부계획 ◠◠성공 ⌒⌒보통 ⌒⌒실패

과목	공부내용	시작한 시간~ 마친시간	확인

★ 독서 10분 독서하기

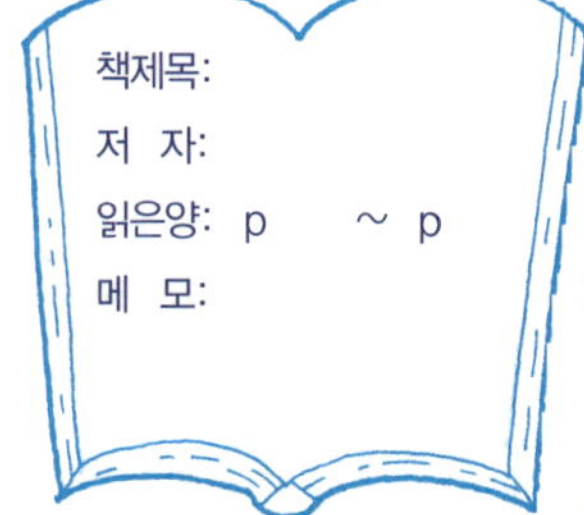

◯ 월 ◯ 일 (요일)

★ 우선순위   ●완료 ◑진행중 →연기 ×취소

해야할 일	확인

★ 내가 보낸 하루

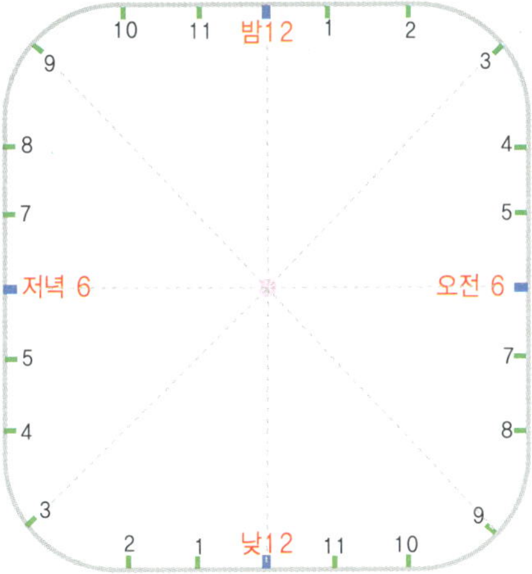

★ 균형잡힌 나의 하루   ●잘함 ◑보통 ×못함

영성관리		성품관리			학습관리	
		마음·생각		행동		
기도하기	◯	선한 생각과 마음 품기	◯	아침 일찍 일어나기	◯	스스로 학습하기	◯
식사기도(번)	◯	좋은 나 상상하기	◯	책상(방) 정리	◯	시간관리	◯
성경읽기(장)	◯	기뻐하고, 감사하기	◯	바른 자세	◯	예습하기	◯
예배 (큐티)	◯	긍정적인 언어	◯	운동하기	◯	복습하기	◯
전도하기	◯	분노조절하기	◯	인사하기	◯	숙제하기	◯
	◯		◯		◯	독서	◯
	◯		◯		◯		◯

★ 구체적인 공부계획   ⌢⌢성공 [illegible]보통 실패

과목	공부내용	시작한 시간~ 마친시간	확인

★ 독서   10분 독서하기

책제목:

저 자:

읽은양: p   ～ p

메 모:

◯ 월 ◯ 일 (요일)

★ 우선순위   ●완료 ◑진행중 ➡연기 ✕취소

해야할 일	확인

★ 내가 보낸 하루

10 11 밤12 1 2
9   3
8   4
7   5
저녁 6   오전 6
5   7
4   8
3   9
2 1 낮12 11 10

★ 균형잡힌 나의 하루   ●잘함 ◑보통 ✕못함

영성관리		성품관리			학습관리	
		마음·생각		행동		
기도하기	◯	선한 생각과 마음 품기	◯	아침 일찍 일어나기	◯	스스로 학습하기	◯
식사기도(번)	◯	좋은 나 상상하기	◯	책상(방) 정리	◯	시간관리	◯
성경읽기(장)	◯	기뻐하고, 감사하기	◯	바른 자세	◯	예습하기	◯
예배 (큐티)	◯	긍정적인 언어	◯	운동하기	◯	복습하기	◯
전도하기	◯	분노조절하기	◯	인사하기	◯	숙제하기	◯
	◯		◯		◯	독서	◯
	◯		◯		◯		◯

★ 구체적인 공부계획   ‿‿성공 ⁻⁻보통 ㅜㅜ실패

과목	공부내용	시작한 시간~마친시간	확인

★ 독서   10분 독서하기

책제목:

저 자:

읽은양: p   ~ p

메 모:

58

◯ 월 ◯ 일 (　요일)

★ 우선순위　●완료　◑진행중　➡연기　×취소

해야할 일	확인

★ 내가 보낸 하루

10　11　밤12　1　2
9　　　　　　　3
8　　　　　　　4
7　　　　　　　5
저녁 6　　　　오전 6
5　　　　　　　7
4　　　　　　　8
3　　　　　　　9
2　1　낮12　11　10

★ 균형잡힌 나의 하루　●잘함　◑보통　×못함

영성관리		성품관리				학습관리	
		마음·생각		행동			
기도하기	◯	선한 생각과 마음 품기	◯	아침 일찍 일어나기	◯	스스로 학습하기	◯
식사기도(　번)	◯	좋은 나 상상하기	◯	책상(방) 정리	◯	시간관리	◯
성경읽기(　장)	◯	기뻐하고, 감사하기	◯	바른 자세	◯	예습하기	◯
예배 (큐티)	◯	긍정적인 언어	◯	운동하기	◯	복습하기	◯
전도하기	◯	분노조절하기	◯	인사하기	◯	숙제하기	◯
	◯		◯			독서	◯
	◯		◯				

★ 구체적인 공부계획　◠◠성공　◠보통　┳┳실패

과목	공부내용	시작한 시간~ 마친시간	확인

★ 독서　10분 독서하기

책제목:

저 자:

읽은양: p　～ p

메 모:

○ 월 ○ 일 (　　요일)

★ 우선순위　●완료 ●진행중 ➡연기 ✕취소

해야할 일	확인

★ 내가 보낸 하루

★ 균형잡힌 나의 하루　●잘함　●보통　✕못함

영성관리		성품관리			학습관리	
		마음·생각		행동		
기도하기	○	선한 생각과 마음 품기	○	아침 일찍 일어나기	○	스스로 학습하기	○
식사기도(　번)	○	좋은 나 상상하기	○	책상(방) 정리	○	시간관리	○
성경읽기(　장)	○	기뻐하고, 감사하기	○	바른 자세	○	예습하기	○
예배 (큐티)	○	긍정적인 언어	○	운동하기	○	복습하기	○
전도하기	○	분노조절하기	○	인사하기	○	숙제하기	○
	○		○		○	독서	○
	○		○		○		○

★ 구체적인 공부계획　⌢성공　⌢보통　⌢실패

과목	공부내용	시작한 시간~ 마친시간	확인

★ 독서　10분 독서하기

책제목:

저　자:

읽은양: p　　～ p

메　모:

◯ 월 ◯ 일 (요일)

★ 우선순위   ●완료 ◐진행중 ➡연기 ✕취소

해야할 일	확인

★ 내가 보낸 하루

10 11 밤12 1 2
9 3
8 4
7 5
저녁 6 오전 6
5 7
4 8
3 9
2 1 낮12 11 10

★ 균형잡힌 나의 하루   ●잘함 ◐보통 ✕못함

영성관리		성품관리				학습관리	
		마음·생각		행동			
기도하기	◯	선한 생각과 마음 품기	◯	아침 일찍 일어나기	◯	스스로 학습하기	◯
식사기도(번)	◯	좋은 나 상상하기	◯	책상(방) 정리	◯	시간관리	◯
성경읽기(장)	◯	기뻐하고, 감사하기	◯	바른 자세	◯	예습하기	◯
예배 (큐티)	◯	긍정적인 언어	◯	운동하기	◯	복습하기	◯
전도하기	◯	분노조절하기	◯	인사하기	◯	숙제하기	◯
	◯		◯		◯	독서	◯
	◯						◯

★ 구체적인 공부계획   ⌣⌣성공 ⌣보통 ⌢⌢실패

과목	공부내용	시작한 시간~마친시간	확인

★ 독서   10분 독서하기

책제목:

저 자:

읽은양: p   ~ p

메 모:

★ 우선순위 ● 완료 ◑ 진행중 → 연기 × 취소

해야할 일	확인

★ 내가 보낸 하루

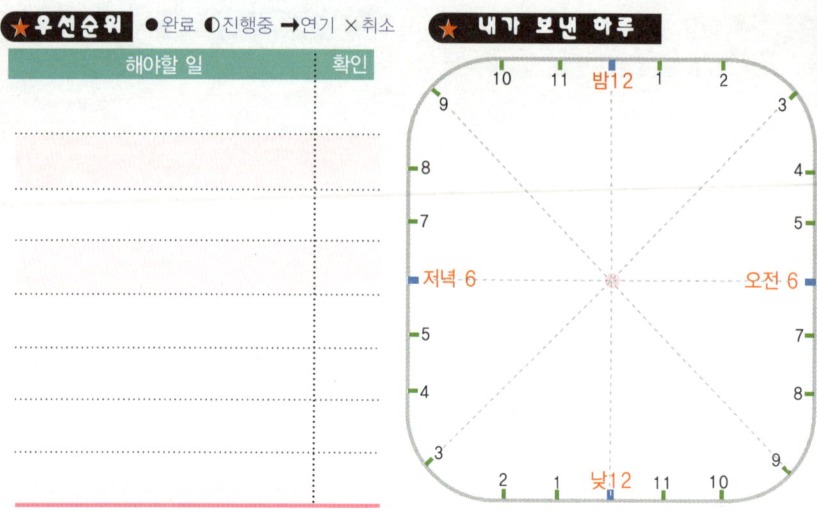

★ 균형잡힌 나의 하루 ● 잘함 ◑ 보통 × 못함

영성관리		성품관리			학습관리	
		마음·생각	행동			
기도하기	○	선한 생각과 마음 품기	○	아침 일찍 일어나기 ○	스스로 학습하기	○
식사기도(번)	○	좋은 나 상상하기	○	책상(방) 정리 ○	시간관리	○
성경읽기(장)	○	기뻐하고, 감사하기	○	바른 자세 ○	예습하기	○
예배 (큐티)	○	긍정적인 언어	○	운동하기 ○	복습하기	○
전도하기	○	분노조절하기	○	인사하기 ○	숙제하기	○
	○		○		독서	○
	○		○			○

★ 구체적인 공부계획 ⌣ 성공 − 보통 ⌢ 실패

과목	공부내용	시작한 시간~ 마친시간	확인

★ 독서 10분 독서하기

책제목:

저 자:

읽은양: p   ~ p

메 모:

주간 계획   (월   일 ~   월   일)

	주일( )	월( )	화( )	수( )	목( )	금( )	토( )
AM 4							
5							
6							
7							
8							
9							
10							
11							
12							
PM 1							
2							
3							
4							
5							
6							
7							
8							
9							
10							
11							
12							

한 주 동안 꼭 기억해야 할 내용

◯ 월 ◯ 일 (　　요일)

해야할 일	확인

영성관리		성품관리		학습관리	
		마음·생각	행동		
기도하기	◯	선한 생각과 마음 품기 ◯	아침 일찍 일어나기 ◯	스스로 학습하기	◯
식사기도(　　번)	◯	좋은 나 상상하기 ◯	책상(방) 정리 ◯	시간관리	◯
성경읽기(　　장)	◯	기뻐하고, 감사하기 ◯	바른 자세 ◯	예습하기	◯
예배 (큐티)	◯	긍정적인 언어 ◯	운동하기 ◯	복습하기	◯
전도하기	◯	분노조절하기 ◯	인사하기 ◯	숙제하기	◯
	◯	◯	◯	독서	◯
	◯	◯	◯		◯

과목	공부내용	시작한 시간~마친시간	확인

책제목:

저　자:

읽은양: p　　~ p

메　모:

◯ 월 ◯ 일 (요일)

★ 우선순위 ●완료 ◐진행중 →연기 ×취소

해야할 일	확인

★ 내가 보낸 하루

★ 균형잡힌 나의 하루 ●잘함 ◐보통 ×못함

영성관리		성품관리			학습관리	
		마음·생각		행동		
기도하기	◯	선한 생각과 마음 품기	◯	아침 일찍 일어나기	◯	스스로 학습하기	◯
식사기도(번)	◯	좋은 나 상상하기	◯	책상(방) 정리	◯	시간관리	◯
성경읽기(장)	◯	기뻐하고, 감사하기	◯	바른 자세	◯	예습하기	◯
예배 (큐티)	◯	긍정적인 언어	◯	운동하기	◯	복습하기	◯
전도하기	◯	분노조절하기	◯	인사하기	◯	숙제하기	◯
	◯		◯		◯	독서	◯
	◯		◯		◯		◯

★ 구체적인 공부계획 ◯성공 ◯보통 ◯실패

과목	공부내용	시작한 시간~마친시간	확인

★ 독서 10분 독서하기

책제목:

저 자:

읽은양: p   ~ p

메 모:

◯ 월 ◯ 일 (　요일)

★ 우선순위　　●완료　◐진행중　➡연기　×취소

해야할 일	확인

★ 내가 보낸 하루

★ 균형잡힌 나의 하루　　●잘함　◐보통　×못함

영성관리		성품관리				학습관리	
		마음·생각		행동			
기도하기	◯	선한 생각과 마음 품기	◯	아침 일찍 일어나기	◯	스스로 학습하기	◯
식사기도(　　번)	◯	좋은 나 상상하기	◯	책상(방) 정리	◯	시간관리	◯
성경읽기(　　장)	◯	기뻐하고, 감사하기	◯	바른 자세	◯	예습하기	◯
예배 (큐티)	◯	긍정적인 언어	◯	운동하기	◯	복습하기	◯
전도하기	◯	분노조절하기	◯	인사하기	◯	숙제하기	◯
	◯		◯		◯	독서	◯
	◯		◯		◯		◯

★ 구체적인 공부계획　　◠◠성공　◠◠보통　◠◠실패

과목	공부내용	시작한 시간~ 마친시간	확인

★ 독서　10분 독서하기

책제목:

저 자:

읽은양: p　　～ p

메 모:

◯ 월 ◯ 일 (요일)

★ 우선순위   ●완료 ◑진행중 →연기 ✕취소

해야할 일	확인

★ 내가 보낸 하루

10	11	밤12	1	2
9		3
8		4
7		5
저녁 6		오전 6
5		7
4		8
3		9
2	1	낮12	11	10

★ 균형잡힌 나의 하루   ●잘함 ◑보통 ✕못함

영성관리		성품관리				학습관리	
		마음 · 생각		행동			
기도하기	◯	선한 생각과 마음 품기	◯	아침 일찍 일어나기	◯	스스로 학습하기	◯
식사기도(번)	◯	좋은 나 상상하기	◯	책상(방) 정리	◯	시간관리	◯
성경읽기(장)	◯	기뻐하고, 감사하기	◯	바른 자세	◯	예습하기	◯
예배 (큐티)	◯	긍정적인 언어	◯	운동하기	◯	복습하기	◯
전도하기	◯	분노조절하기	◯	인사하기	◯	숙제하기	◯
	◯		◯			독서	◯
	◯		◯				◯

★ 구체적인 공부계획   ◡◡성공 ─── 보통 ⊤⊤실패

과목	공부내용	시작한 시간~마친시간	확인

★ 독서   10분 독서하기

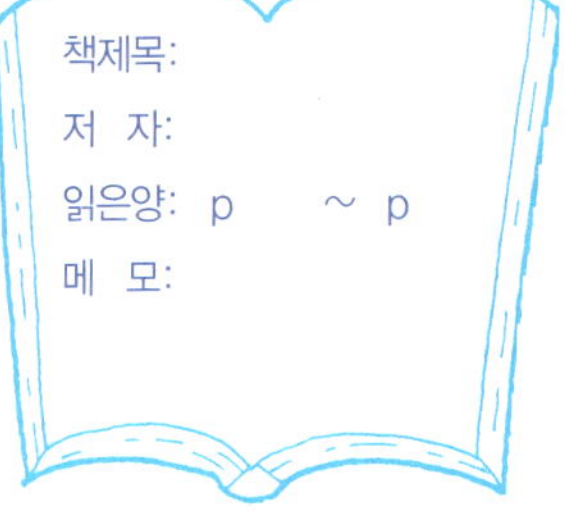

책제목:

저 자:

읽은양: p   ~ p

메 모:

월 일 (요일)

★우선순위

●완료 ◐진행중 ➜연기 ×취소

해야할 일	확인

★내가 보낸 하루

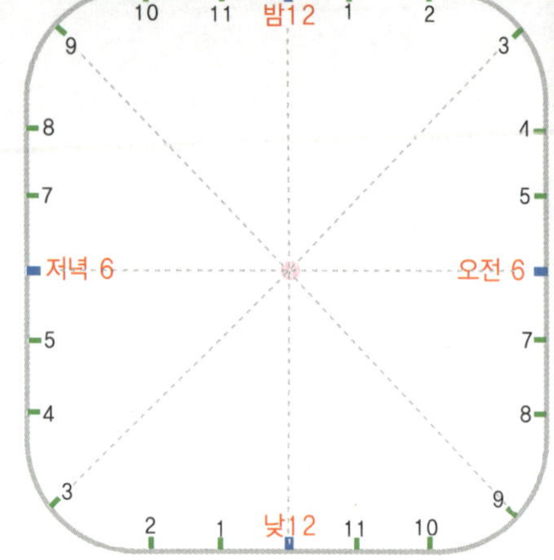

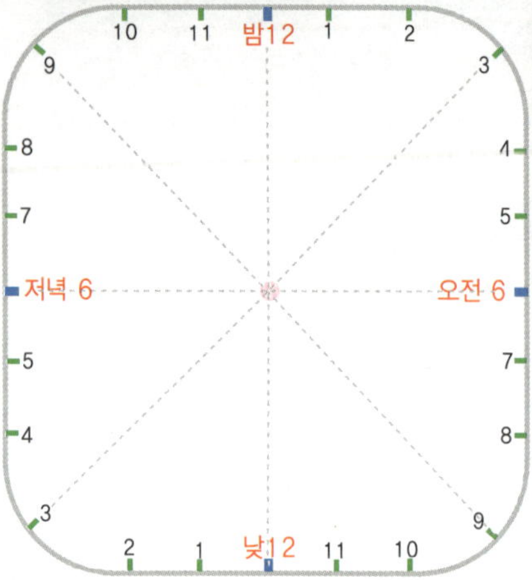

★균형잡힌 나의 하루

●잘함 ◐보통 ×못함

영성관리		성품관리				학습관리	
		마음·생각		행동			
기도하기	○	선한 생각과 마음 품기	○	아침 일찍 일어나기	○	스스로 학습하기	○
식사기도(번)	○	좋은 나 상상하기	○	책상(방) 정리	○	시간관리	○
성경읽기(장)	○	기뻐하고, 감사하기	○	바른 자세	○	예습하기	○
예배 (큐티)	○	긍정적인 언어	○	운동하기	○	복습하기	○
전도하기	○	분노조절하기	○	인사하기	○	숙제하기	○
	○		○		○	독서	○
	○		○		○		○

★구체적인 공부계획

(^^)성공 (－－) 보통 (ㅜㅜ) 실패

과목	공부내용	시작한 시간~ 마친시간	확인

★독서

10분 독서하기

책제목:

저 자:

읽은양: p ~ p

메 모:

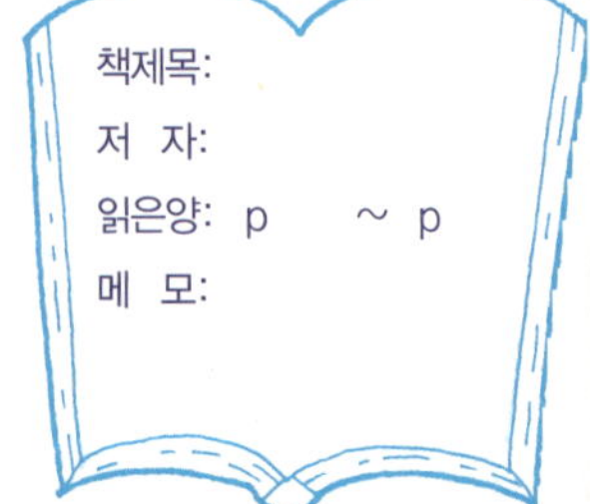

◯ 월 ◯ 일 (요일)

★ 우선순위   ●완료 ◑진행중 →연기 ✕취소

해야할 일	확인

★ 내가 보낸 하루

★ 균형잡힌 나의 하루   ●잘함 ◑보통 ✕못함

영성관리		성품관리			학습관리	
		마음·생각		행동		
기도하기	◯	선한 생각과 마음 품기	◯	아침 일찍 일어나기	◯	스스로 학습하기	◯
식사기도(번)	◯	좋은 나 상상하기	◯	책상(방) 정리	◯	시간관리	◯
성경읽기(장)	◯	기뻐하고, 감사하기	◯	바른 자세	◯	예습하기	◯
예배 (큐티)	◯	긍정적인 언어	◯	운동하기	◯	복습하기	◯
전도하기	◯	분노조절하기	◯	인사하기	◯	숙제하기	◯
	◯		◯		◯	독서	◯
	◯		◯				◯

★ 구체적인 공부계획   ⌣성공 ―보통 ⌢실패

과목	공부내용	시작한 시간~마친시간	확인

★ 독서   10분 독서하기

책제목:

저 자:

읽은양: p   ~ p

메 모:

○ 월 ○ 일 (요일)

★ 우선순위   ●완료 ◑진행중 ➡연기 ✕취소

해야할 일	확인

★ 내가 보낸 하루

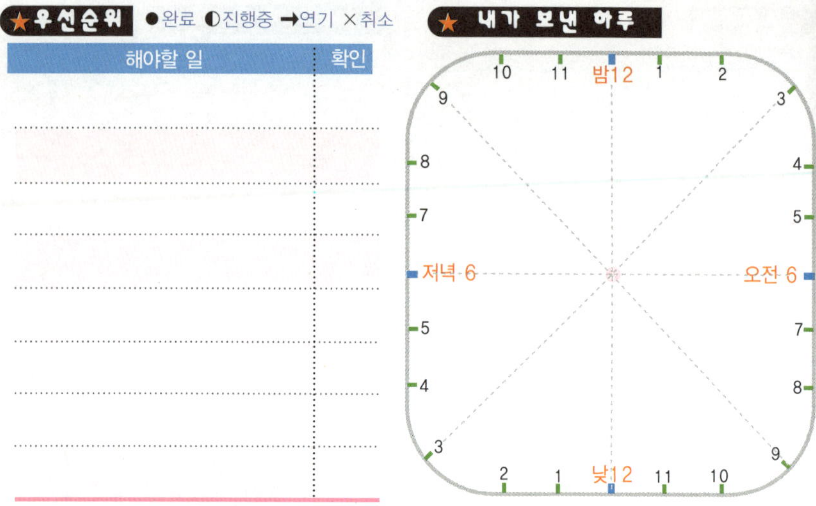

★ 균형잡힌 나의 하루   ●잘함 ◑보통 ✕못함

영성관리		성품관리				학습관리	
		마음·생각		행동			
기도하기	○	선한 생각과 마음 품기	○	아침 일찍 일어나기	○	스스로 학습하기	○
식사기도(번)	○	좋은 나 상상하기	○	책상(방) 정리	○	시간관리	○
성경읽기(장)	○	기뻐하고, 감사하기	○	바른 자세	○	예습하기	○
예배 (큐티)	○	긍정적인 언어	○	운동하기	○	복습하기	○
전도하기	○	분노조절하기	○	인사하기	○	숙제하기	○
	○					독서	○
	○						○

★ 구체적인 공부계획   ⌢성공 ─ 보통 ⌣ 실패

과목	공부내용	시작한 시간~ 마친시간	확인

★ 독서   10분 독서하기

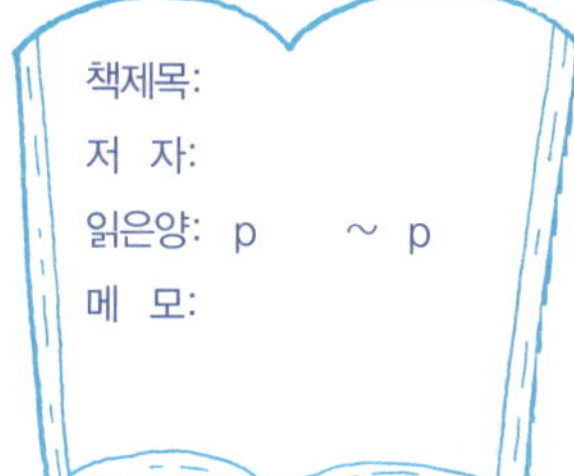

	주일 (　)	월 (　)	화 (　)	수 (　)	목 (　)	금 (　)	토 (　)
AM 4							
5							
6							
7							
8							
9							
10							
11							
12							
PM 1							
2							
3							
4							
5							
6							
7							
8							
9							
10							
11							
12							

한 주 동안 꼭 기억해야 할 내용

◯ 월 ◯ 일 (요일)

★ 우선순위   ●완료 ◑진행중 →연기 ×취소

해야할 일	확인

★ 내가 보낸 하루

★ 균형잡힌 나의 하루   ●잘함 ◑보통 ×못함

영성관리		성품관리		학습관리	
		마음·생각	행동		
기도하기	◯	선한 생각과 마음 품기 ◯	아침 일찍 일어나기 ◯	스스로 학습하기	◯
식사기도(번)	◯	좋은 나 상상하기 ◯	책상(방) 정리 ◯	시간관리	◯
성경읽기(장)	◯	기뻐하고, 감사하기 ◯	바른 자세 ◯	예습하기	◯
예배 (큐티)	◯	긍정적인 언어 ◯	운동하기 ◯	복습하기	◯
전도하기	◯	분노조절하기 ◯	인사하기 ◯	숙제하기	◯
	◯	◯	◯	독서	◯
	◯	◯	◯		◯

★ 구체적인 공부계획   ⌣성공 ─ 보통 ⊤⊤ 실패

과목	공부내용	시작한 시간~마친시간	확인

★ 독서   10분 독서하기

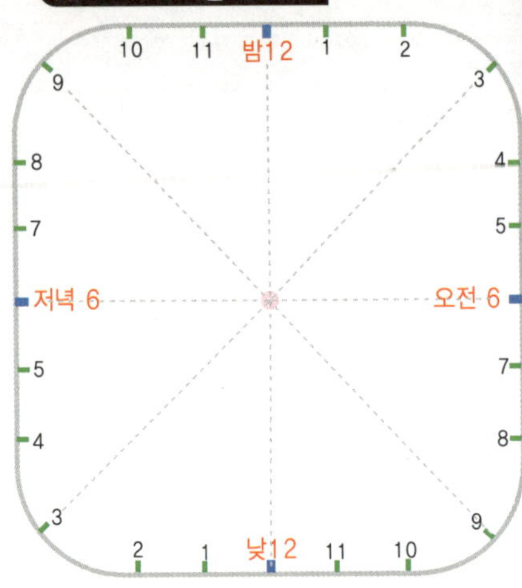

◯ 월 ◯ 일 (　요일)

해야할 일	확인

★ 내 가 보 낸 하 루

10　11　밤12　1　2　3
9
8　　　　　　　　　　4
7　　　　　　　　　　5
저녁 6　　　　　　　오전 6
5　　　　　　　　　　7
4　　　　　　　　　　8
3　　　　　　　　　　9
2　1　낮12　11　10

★ 균형잡힌 나의 하루　●잘함 ◐보통 ×못함

영성관리		성품관리			학습관리	
		마음·생각		행동		
기도하기	◯	선한 생각과 마음 품기	◯	아침 일찍 일어나기	◯	스스로 학습하기	◯
식사기도(　번)	◯	좋은 나 상상하기	◯	책상(방) 정리	◯	시간관리	◯
성경읽기(　장)	◯	기뻐하고, 감사하기	◯	바른 자세	◯	예습하기	◯
예배 (큐티)	◯	긍정적인 언어	◯	운동하기	◯	복습하기	◯
전도하기	◯	분노조절하기	◯	인사하기	◯	숙제하기	◯
	◯		◯		◯	독서	◯
	◯		◯		◯		◯

★ 구체적인 공부계획　◠◠성공 ◠◠보통 ◠◠실패

과목	공부내용	시작한 시간~ 마친시간	확인

★ 독서　10분 독서하기

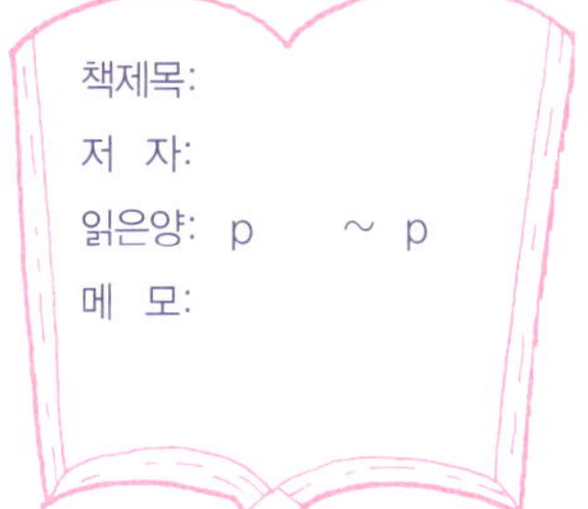

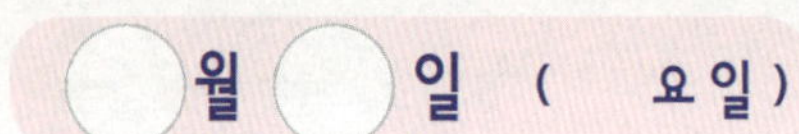

★ 우선순위   ●완료 ◐진행중 →연기 ×취소

해야할 일	확인

★ 내가 보낸 하루

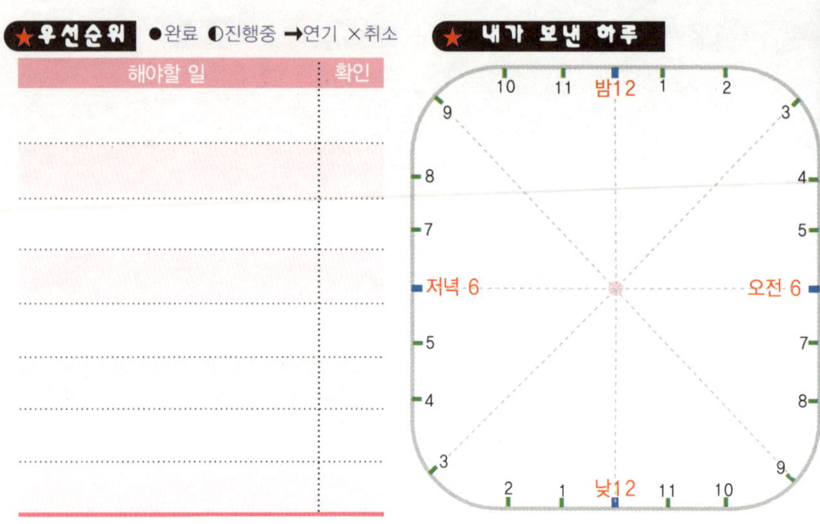

★ 균형잡힌 나의 하루   ●잘함 ◐보통 ×못함

영성관리		성품관리			학습관리	
		마음 · 생각	행동			
기도하기	◯	선한 생각과 마음 품기 ◯	아침 일찍 일어나기 ◯		스스로 학습하기	◯
식사기도(번)	◯	좋은 나 상상하기 ◯	책상(방) 정리 ◯		시간관리	◯
성경읽기(장)	◯	기뻐하고, 감사하기 ◯	바른 자세 ◯		예습하기	◯
예배 (큐티)	◯	긍정적인 언어 ◯	운동하기 ◯		복습하기	◯
전도하기	◯	분노조절하기 ◯	인사하기 ◯		숙제하기	◯
	◯	◯	◯		독서	◯
	◯	◯	◯			◯

★ 구체적인 공부계획   ◠◠성공 ⌣⌣보통 ⊤⊤실패

과목	공부내용	시작한 시간~ 마친시간	확인

★ 독서   10분 독서하기

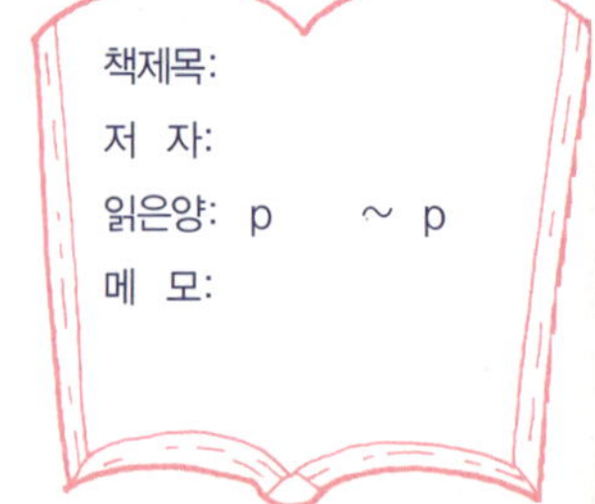

◯ 월 ◯ 일 (　요일)

★ 우선순위　　●완료　◑진행중　➡연기　×취소

해야할 일	확인

★ 내가 보낸 하루

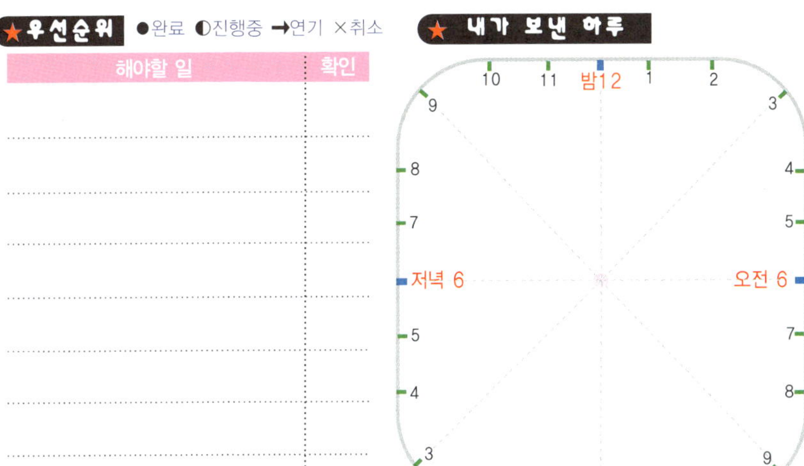

★ 균형잡힌 나의 하루　　●잘함　◑보통　×못함

영성관리		성품관리			학습관리	
		마음·생각		행동		
기도하기	◯	선한 생각과 마음 품기	◯	아침 일찍 일어나기	◯	스스로 학습하기	◯
식사기도(　번)	◯	좋은 나 상상하기	◯	책상(방) 정리	◯	시간관리	◯
성경읽기(　장)	◯	기뻐하고, 감사하기	◯	바른 자세	◯	예습하기	◯
예배 (큐티)	◯	긍정적인 언어	◯	운동하기	◯	복습하기	◯
전도하기	◯	분노조절하기	◯	인사하기	◯	숙제하기	◯
	◯		◯		◯	독서	◯
	◯		◯		◯		◯

★ 구체적인 공부계획　　◠◠성공　◠◠보통　◠◠실패

과목	공부내용	시작한 시간~ 마친시간	확인

★ 독서　　10분 독서하기

책제목:

저 자:

읽은양: p　　～ p

메 모:

★ 우선순위   ●완료 ◐진행중 →연기 ×취소

해야할 일	확인

★ 내가 보낸 하루

10　11　밤12　1　2
9　　　　　　　　3
8　　　　　　　　4
7　　　　　　　　5
저녁 6　　　　　　오전 6
5　　　　　　　　7
4　　　　　　　　8
3　　　　　　　　9
2　1　낮12　11　10

★ 균형잡힌 나의 하루   ●잘함 ◐보통 ×못함

영성관리		성품관리			학습관리	
		마음·생각		행동		
기도하기	◯	선한 생각과 마음 품기	◯	아침 일찍 일어나기	◯	스스로 학습하기	◯
식사기도(　번)	◯	좋은 나 상상하기	◯	책상(방) 정리	◯	시간관리	◯
성경읽기(　장)	◯	기뻐하고, 감사하기	◯	바른 자세	◯	예습하기	◯
예배 (큐티)	◯	긍정적인 언어	◯	운동하기	◯	복습하기	◯
전도하기	◯	분노조절하기	◯	인사하기	◯	숙제하기	◯
	◯		◯		◯	독서	◯
	◯		◯		◯		◯

★ 구체적인 공부계획   ⌢성공 ﹣보통 ⌣실패

과목	공부내용	시작한 시간~ 마친시간	확인

★ 독서   10분 독서하기

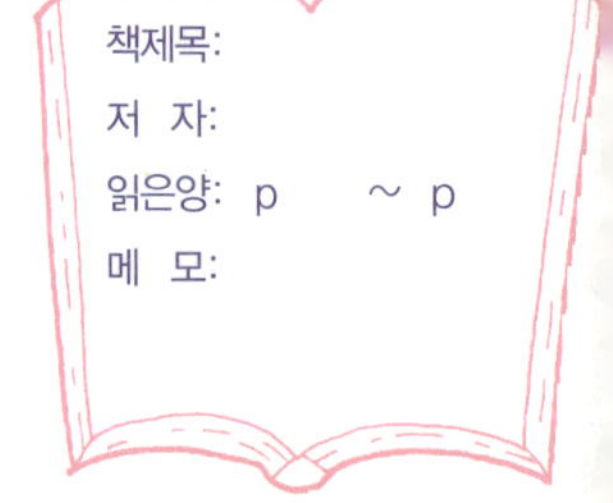

책제목:

저 자:

읽은양: p　　 ~ p

메 모:

( )월 ( )일 (요일)

★우선순위 ●완료 ◐진행중 ➔연기 ×취소

해야할 일	확인

★내가 보낸 하루

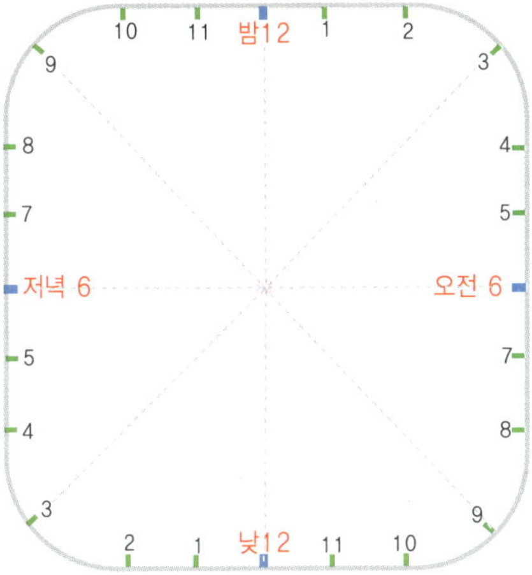

★균형잡힌 나의 하루 ●잘함 ◐보통 ×못함

영성관리		성품관리 마음·생각		성품관리 행동		학습관리	
기도하기	○	선한 생각과 마음 품기	○	아침 일찍 일어나기	○	스스로 학습하기	○
식사기도(번)	○	좋은 나 상상하기	○	책상(방) 정리	○	시간관리	○
성경읽기(장)	○	기뻐하고, 감사하기	○	바른 자세	○	예습하기	○
예배 (큐티)	○	긍정적인 언어	○	운동하기	○	복습하기	○
전도하기	○	분노조절하기	○	인사하기	○	숙제하기	○
	○		○		○	독서	○
	○		○		○		○

★구체적인 공부계획 (^^)성공 (--)보통 (ㅜㅜ)실패

과목	공부내용	시작한 시간~ 마친시간	확인

★독서 10분 독서하기

책제목:

저 자:

읽은양: p ~ p

메 모:

◯ 월 ◯ 일 (요일)

★ 우선순위 ●완료 ◐진행중 →연기 ×취소

해야할 일	확인

★ 내가 보낸 하루

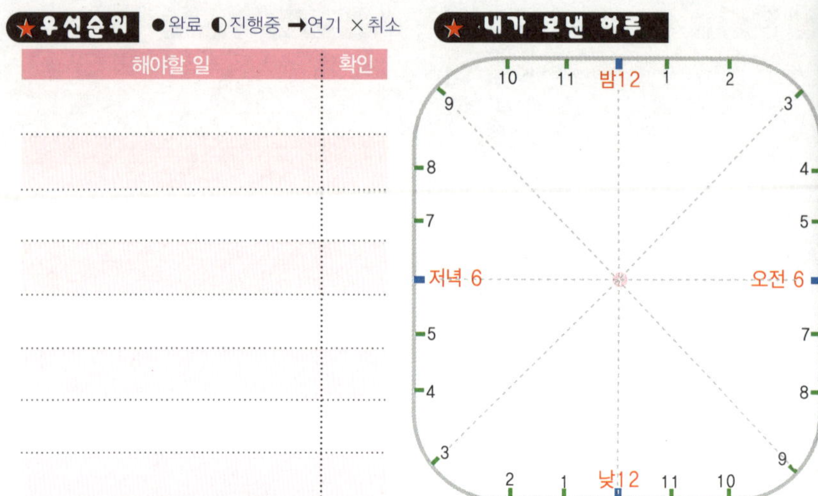

★ 균형잡힌 나의 하루 ●잘함 ◐보통 ×못함

영성관리		성품관리				학습관리	
		마음·생각		행동			
기도하기	◯	선한 생각과 마음 품기	◯	아침 일찍 일어나기	◯	스스로 학습하기	◯
식사기도(번)	◯	좋은 나 상상하기	◯	책상(방) 정리	◯	시간관리	◯
성경읽기(장)	◯	기뻐하고, 감사하기	◯	바른 자세	◯	예습하기	◯
예배 (큐티)	◯	긍정적인 언어	◯	운동하기	◯	복습하기	◯
전도하기	◯	분노조절하기	◯	인사하기	◯	숙제하기	◯
	◯		◯		◯	독서	◯
	◯				◯		◯

★ 구체적인 공부계획 ⌣성공 ─보통 ⌢실패

과목	공부내용	시작한 시간~마친시간	확인

★ 독서 10분 독서하기

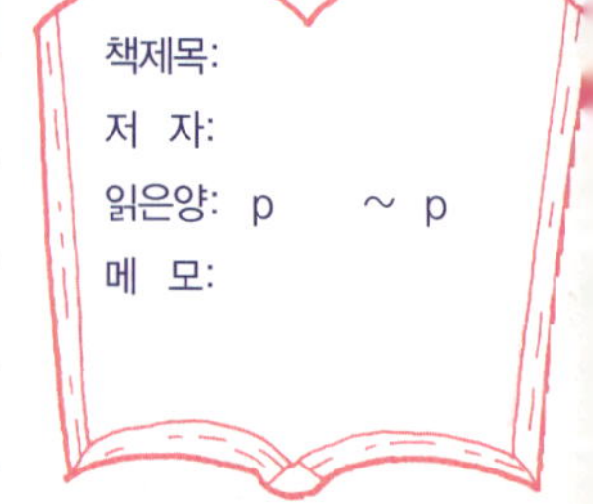

주간 계획   (월   일 ~   월   일)

	주일 ( )	월 ( )	화 ( )	수 ( )	목 ( )	금 ( )	토 ( )
M 4							
5							
6							
7							
8							
9							
10							
11							
12							
M 1							
2							
3							
4							
5							
6							
7							
8							
9							
10							
11							
12							

한 주 동안 꼭 기억해야 할 내용

★ 우선순위   ●완료 ◑진행중 →연기 ✕취소

해야할 일	확인

★ 내가 보낸 하루

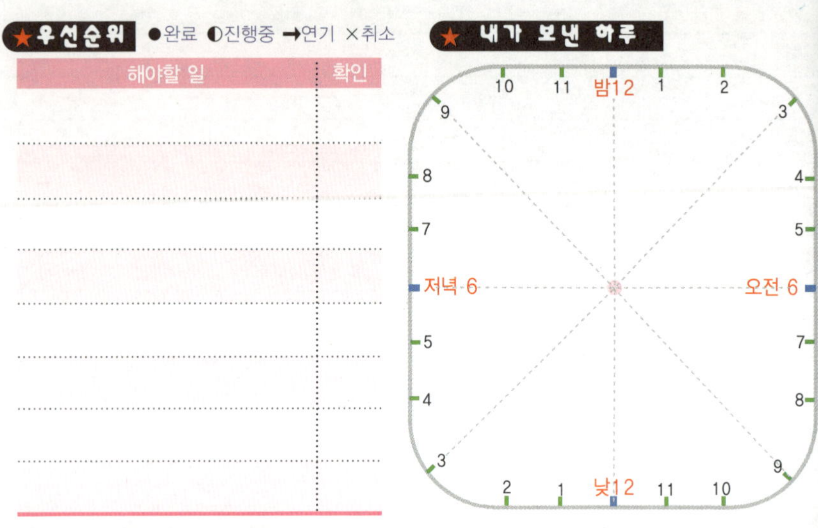

★ 균형잡힌 나의 하루   ●잘함 ◑보통 ✕못함

영성관리		성품관리				학습관리	
		마음·생각		행동			
기도하기	◯	선한 생각과 마음 품기	◯	아침 일찍 일어나기	◯	스스로 학습하기	◯
식사기도(번)	◯	좋은 나 상상하기	◯	책상(방) 정리	◯	시간관리	◯
성경읽기(장)	◯	기뻐하고, 감사하기	◯	바른 자세	◯	예습하기	◯
예배 (큐티)	◯	긍정적인 언어	◯	운동하기	◯	복습하기	◯
전도하기	◯	분노조절하기	◯	인사하기	◯	숙제하기	◯
	◯		◯		◯	독서	◯
	◯				◯		◯

★ 구체적인 공부계획   ⌢성공 ⌁보통 ⌣실패

과목	공부내용	시작한 시간~ 마친시간	확인

★ 독서   10분 독서하기

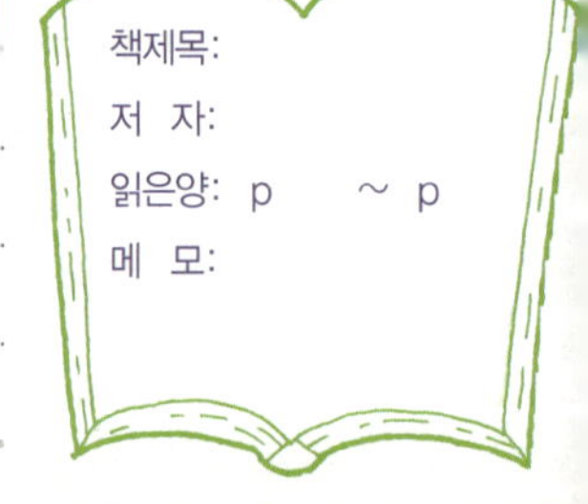

◯ 월 ◯ 일 (요일)

★ 우선순위   ●완료 ◑진행중 →연기 ✕취소

해야할 일	확인

★ 내가 보낸 하루

10 11 밤12 1 2 3
9   3
8   4
7   5
저녁 6   오전 6
5   7
4   8
3   9
2 1 낮12 11 10

★ 균형잡힌 나의 하루   ●잘함 ◑보통 ✕못함

영성관리		성품관리			학습관리	
		마음·생각		행동		
기도하기	◯	선한 생각과 마음 품기	◯	아침 일찍 일어나기	◯	스스로 학습하기	◯
식사기도(번)	◯	좋은 나 상상하기	◯	책상(방) 정리	◯	시간관리	◯
성경읽기(장)	◯	기뻐하고, 감사하기	◯	바른 자세	◯	예습하기	◯
예배 (큐티)	◯	긍정적인 언어	◯	운동하기	◯	복습하기	◯
전도하기	◯	분노조절하기	◯	인사하기	◯	숙제하기	◯
	◯		◯			독서	◯
	◯		◯				◯

★ 구체적인 공부계획   ⌢⌢성공 ⌒⌒보통 ⊤⊤실패

과목	공부내용	시작한 시간~ 마친시간	확인

★ 독서   10분 독서하기

책제목:
저 자:
읽은양: p   ~ p
메 모:

◯ 월 ◯ 일 (요일)

★ 우선순위   ●완료 ◑진행중 ➡연기 ✕취소

해야할 일	확인

★ 내가 보낸 하루

★ 균형잡힌 나의 하루   ●잘함 ◑보통 ✕못함

영성관리		성품관리				학습관리	
		마음 · 생각		행동			
기도하기	◯	선한 생각과 마음 품기	◯	아침 일찍 일어나기	◯	스스로 학습하기	◯
식사기도(번)	◯	좋은 나 상상하기	◯	책상(방) 정리	◯	시간관리	◯
성경읽기(장)	◯	기뻐하고, 감사하기	◯	바른 자세	◯	예습하기	◯
예배 (큐티)	◯	긍정적인 언어	◯	운동하기	◯	복습하기	◯
전도하기	◯	분노조절하기	◯	인사하기	◯	숙제하기	◯
	◯				◯	독서	◯
	◯				◯		

★ 구체적인 공부계획   ⌣성공 －보통 ⌢실패

과목	공부내용	시작한 시간~ 마친시간	확인

★ 독서   10분 독서하기

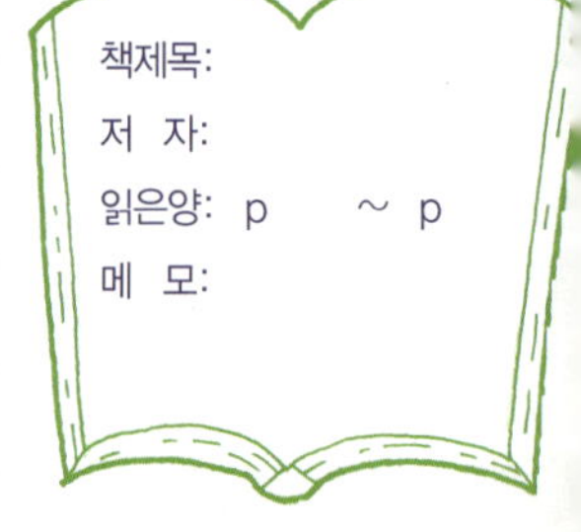

★ 우선순위   ●완료 ◐진행중 →연기 ×취소

해야할 일	확인

★ 내가 보낸 하루

★ 균형잡힌 나의 하루   ●잘함 ◐보통 ×못함

영성관리		성품관리		학습관리	
		마음·생각	행동		
기도하기	○	선한 생각과 마음 품기 ○	아침 일찍 일어나기 ○	스스로 학습하기	○
식사기도(번)	○	좋은 나 상상하기 ○	책상(방) 정리 ○	시간관리	○
성경읽기(장)	○	기뻐하고, 감사하기 ○	바른 자세 ○	예습하기	○
예배 (큐티)	○	긍정적인 언어 ○	운동하기 ○	복습하기	○
전도하기	○	분노조절하기 ○	인사하기 ○	숙제하기	○
	○	○		독서	○
	○	○			○

★ 구체적인 공부계획   ◠◠성공 ◠◠보통 ⌢⌢실패

과목	공부내용	시작한 시간~ 마친시간	확인

★ 독서   10분 독서하기

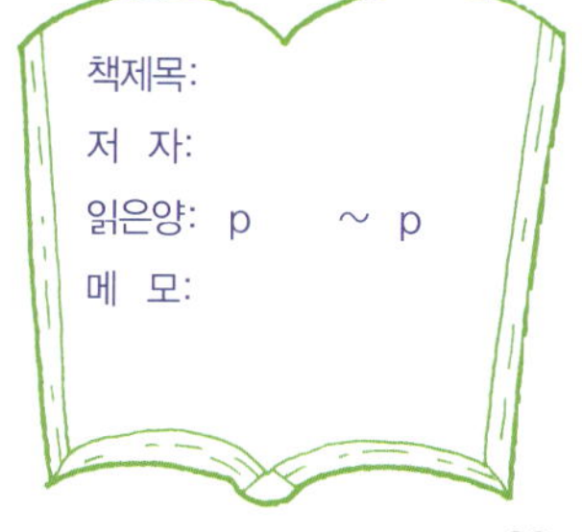

◯월 ◯일 (요일)

★ 우선순위 ●완료 ◐진행중 ➡연기 ✕취소

해야할 일	확인

★ 내가 보낸 하루

★ 균형잡힌 나의 하루 ●잘함 ◐보통 ✕못함

영성관리		성품관리		학습관리	
		마음·생각	행동		
기도하기	◯	선한 생각과 마음 품기 ◯	아침 일찍 일어나기 ◯	스스로 학습하기	◯
식사기도(번)	◯	좋은 나 상상하기 ◯	책상(방) 정리 ◯	시간관리	◯
성경읽기(장)	◯	기뻐하고, 감사하기 ◯	바른 자세 ◯	예습하기	◯
예배 (큐티)	◯	긍정적인 언어 ◯	운동하기 ◯	복습하기	◯
전도하기	◯	분노조절하기 ◯	인사하기 ◯	숙제하기	◯
	◯	◯	◯	독서	◯
	◯	◯	◯		◯

★ 구체적인 공부계획 ◠◠성공 ◠보통 ◠◠실패

과목	공부내용	시작한 시간~마친시간	확인

★ 독서 10분 독서하기

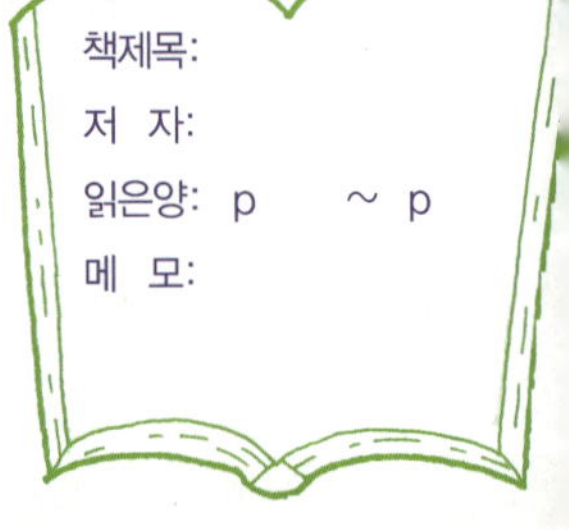

○ 월 ○ 일 (　요일)

★ 우선순위 ●완료 ◑진행중 →연기 ×취소

해야할 일	확인

★ 내가 보낸 하루

★ 균형잡힌 나의 하루 ●잘함 ◑보통 ×못함

영성관리		성품관리				학습관리	
		마음·생각		행동			
기도하기	○	선한 생각과 마음 품기	○	아침 일찍 일어나기	○	스스로 학습하기	○
식사기도(　번)	○	좋은 나 상상하기	○	책상(방) 정리	○	시간관리	○
성경읽기(　장)	○	기뻐하고, 감사하기	○	바른 자세	○	예습하기	○
예배 (큐티)	○	긍정적인 언어	○	운동하기	○	복습하기	○
전도하기	○	분노조절하기	○	인사하기	○	숙제하기	○
	○		○		○	독서	○
	○		○		○		○

★ 구체적인 공부계획 ◠◠성공 ⌣⌣보통 ⊤⊤실패

과목	공부내용	시작한 시간~마친시간	확인

★ 독서 10분 독서하기

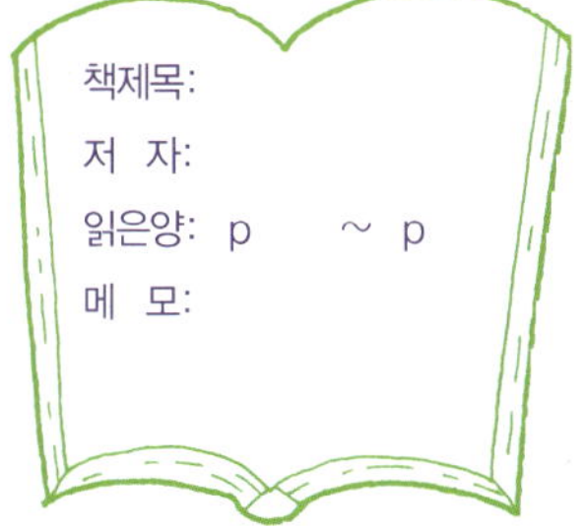

◯ 월 ◯ 일 (요일)

★ 우선순위
●완료 ◐진행중 →연기 ✕취소

해야할 일	확인

★ 내가 보낸 하루

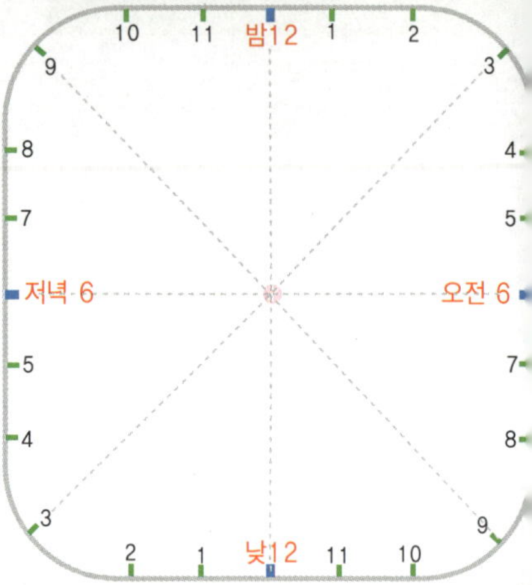

(시계형 시간표: 밤12, 1, 2, 3, 4, 5, 오전 6, 7, 8, 9, 10, 11, 낮12, 1, 2, 3, 4, 5, 저녁 6, 7, 8, 9, 10, 11)

★ 균형잡힌 나의 하루
●잘함 ◐보통 ✕못함

영성관리		성품관리				학습관리	
		마음·생각		행동			
기도하기	◯	선한 생각과 마음 품기	◯	아침 일찍 일어나기	◯	스스로 학습하기	◯
식사기도(번)	◯	좋은 나 상상하기	◯	책상(방) 정리	◯	시간관리	◯
성경읽기(장)	◯	기뻐하고, 감사하기	◯	바른 자세	◯	예습하기	◯
예배 (큐티)	◯	긍정적인 언어	◯	운동하기	◯	복습하기	◯
전도하기	◯	분노조절하기	◯	인사하기	◯	숙제하기	◯
	◯		◯		◯	독서	◯
	◯		◯		◯		◯

★ 구체적인 공부계획
◠◠성공 ⌣⌣보통 ⊤⊤실패

과목	공부내용	시작한 시간~마친시간	확인

★ 독서
10분 독서하기

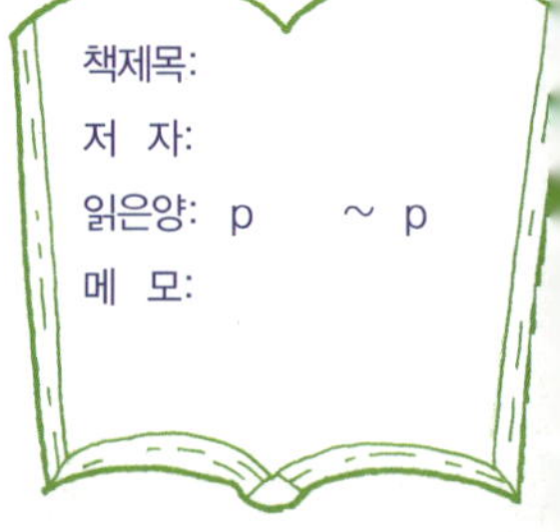

“평강의 하나님이 친히

너희를 온전히 거룩하게 하시고

또 너희의 온 영과 혼과 몸이

우리 주 예수 그리스도께서 강림하실 때에

흠 없게 보전되기를 원하노라.”

(데살로니가전서 5:23)

영성 · 성품 · 학습

관리수첩

저자 / 주영광

발행인 / 주재홍
편집디자인 / 정경옥
펴낸곳 / 해피비전
등록번호 / 제 385-2008-00006 호
주소 / 경기도 안양시 동안구 호계2동 918-19, 화성빌딩 202A
전화 / (031) 348-9377, 팩스/ (031) 454-9381

ISBN 89-87924-97-1   03230
값 / 1,800원

해피비전은 현장에서 필요한 도서를
출간하기 위해 최선을 다하고 있습니다.
http://www.hv365.co.kr